Dr. Claudia Täubner

„Lichtgespenster" – wie Träume dir deinen Weg weisen am Beispiel des Burnouts

---

Für Angelina und Tobey

**Träume sind keine Flucht aus der Realität.
Sie sind der Weg dorthin.**

Oliver W. Schwarzmann, Publizist

Lichtgespenster

MIX
Papier aus verantwortungsvollen Quellen
Paper from responsible sources
FSC® C105338

Lichtgespenster

Traum-Gedicht von Tobey H. Täubner, 6 Jahre alt

„Lichtgespenst im Turm
eingesperrt um Mitternacht,
Licht auf den Kopf,
weiß und hat Augen,
spielt rum,
macht sich krumm,
hüpft auf einem Bein,
macht sich klein,
hat zwei Augen, keine Nase,
Hände,
Zipfel, mit dem es fliegt,
Freunde sind die Fledermäuse,
Mäuse treffen sich nachts,
wenn der Vollmond ist."

Lichtgespenster

Bibliografische Information der Deutschen Nationalbibliothek:
Die Deutsche Nationalbibliothek verzeichnet diese Publikation in der Deutschen Nationalbibliografie; detaillierte bibliografische Daten sind im Internet über http://dnb.dnb.de abrufbar.

TWENTYSIX – Der Self-Publishing-Verlag
Eine Kooperation zwischen der Verlagsgruppe Random House und BoD – Books on Demand

Illustration: Yasmeena van der Steeg, Bonn
Lektorat und Korrektorat: Berlin
Text, Idee und Magie: Dr. Claudia Täubner, Braunschweig

Herstellung und Verlag: BoD – Books on Demand, Norderstedt

ISBN: 978-3-740-7123-96

Dr. Claudia Täubner

„Lichtgespenster“ –
wie Träume dir deinen Weg weisen
am Beispiel des Burnouts

Lichtgespenster

Inhaltsverzeichnis

1 Vorwort

Warum „Lichtgespenster"? Der Buchtitel Lichtgespenster entstand in einer Nacht im Jahr 2011. Ich schlief tief und fest, bis ich merkte, wie mich vorsichtig eine kleine Hand zart streichelte. Es war dunkel im Raum, mein kleiner Sohn hatte sich zu mir ans Bett gesetzt und weinte. Liebevoll zog ich ihn unter meine Bettdecke und fragte, was los sei. „Mami, da war ein großes Tier, das wollte mich angreifen, und jetzt habe ich Angst." „Du hast geträumt", ganz vorsichtig nickte er, „und es war so echt, als ob das Tier neben meinem Bett stand." „Mami, was sind Träume, kommen sie jetzt jede Nacht?"

Träume sind wie kleine Filme. In ihnen zeigen sich Gefühle wie Wut, Aggression, Liebe, Freude und Glück in Form von Menschen, Tieren oder Gegenständen. Ist der Mensch wütend, zeigt sich vielleicht ein Wolf, erlebt das Kind viel Liebe, träumt es vielleicht von seiner Mutter. Der Traum schickt Nachrichten und sagt: „Hallo liebes Kleines, ich bin es, deine Wut, ich gehöre zu dir. Ich bin unangenehm, aber wichtig für dich."

Das nächtliche Gespräch mit meinem Sohn ging weiter: „Aber ich habe jetzt noch immer Angst. Warum bleibt das Gefühl nicht in meinem Traum?" Beim Aufwachen nimmt man die Gefühle aus dem Traum mit in die Realität. Lässt man die Gefühle zu, statt sie zu unterdrücken, nehmen sie ab. Sag Hallo zu dem Gefühl oder zu dem Wolf, der dir dein Gefühl zeigt. Nachts im Dunklen ist es erst einmal unheimlich, am Tag sieht der Traum dann freundlicher aus. Auch kann es sein, dass solch ein Gefühl den Menschen noch einige Zeit begleitet. Mein Sohn schlief dann ein. Als ich ihn am nächsten Morgen weckte, fragte ich ihn, wie es ihm gehe. „Ich habe mit einem Lichtgespenst getanzt", er lachte fröhlich. „Lichtgespenst? Den Namen habe ich noch nie gehört. Was bedeutet das?" „Das Lichtgespenst ist mein Freund. Es hat mir verraten, dass es jetzt öfter in der Nacht kommt und mir Geschichten erzählt. Mein Lichtgespenst ist lustig und freundlich. Manchmal macht es auch Grimassen oder erschreckt mich. Es mag mich sehr gerne und ich soll es wie einen Freund behandeln, mit dem ich mich ja auch manchmal streite und auf den ich manchmal wütend bin."

Lichtgespenster sind ein Synonym dafür, was Träume sind, dachte ich und lächelte meinen Sohn an.

2 Einführung

Wir haben alle Voraussetzungen in uns, um ein erfülltes Leben zu führen. Allerdings bekommen die oft zitierten Worte: „Es ist alles in Ihnen“ erst dann eine Bedeutung, wenn Betroffene anfangen, an unterschiedlichen körperlichen Symptomen zu leiden, und sich fragen, woher die tägliche Erschöpfung und die zunehmende Unzufriedenheit kommen und warum eine innere Leere entsteht. In dieser Situation stellen wir uns wichtige Lebensfragen, stellen auch uns und unser Leben in Frage.

Anhand der authentischen Geschichte einer Frau um die 40 vermittle ich Ihnen, wie wegweisend Träume sind. Träume zeigen an, gerade in schwierigen Situationen, in welchem Lebenszustand ein Mensch sich befindet. Ariane bemerkte die ersten körperlichen Symptome, die zu Erschöpfung und zu Burnout führen können, als sie sich in einer Lebenssituation befand, in der sie nur noch funktionierte. Zusätzlich zu Arianes körperlichen Symptomen änderten sich ihre Fragen an das Leben und die Fragen, die sie an sich selbst stellte. Auch ihre Außenwelt veränderte sich. Private und berufliche Krisensituationen und Konflikte entstanden, die zunächst unkompliziert waren, sich dann aber verstärkten und ihren Lebensfluss enorm behinderten.

Burnout ist ein Risikozustand, der langsam und schleichend Teil des Lebens wird. Betroffene stellen sich und ihre Lebenssituation zunehmend infrage. Behindert durch körperliche Symptome, abgelenkt durch berufliche und private

Einflüsse, können sie immer schlechter Entscheidungen treffen. Die Lebenskraft nimmt ab, die körperlichen Symptome nehmen zu.

In Krisen- und Konfliktzeiten verstärken sich die Träume. Machtvoll können die Bilder der Nacht aus dem Unbewussten drängen, sodass teilweise nicht nur ein Traum, sondern eine Reihe von Träumen auf uns einwirken. Die Botschaften aus den Träumen sind manchmal klar und deutlich, manchmal sind sie jedoch so voller Symbolik, dass die Interpretation auf den ersten Blick nicht möglich erscheint. Auch wenn durch Träume und die dazugehörigen Gefühle verstanden wird, dass sich die Lebenssituation zum Negativen verändert, wird der Zustand oft akzeptiert, aber kein Schritt hin zur Veränderung unternommen. Gedanklich drehen wir uns im Kreis, unfähig, handlungsorientierte Entscheidungen zu treffen und lebensverändernde Bedingungen zu schaffen. Die Außenwelt mit ihren festen Abläufen ist oft die Entschuldigung dafür, warum sich nichts ändert. Viel zu intensiv sind wir mit den Lebensaufgaben beschäftigt.

Irgendwann, wenn die Situation ausweglos erscheint, wenn die Krankheitssymptome ein lebensbehinderndes Ausmaß annehmen, können Träume anfangen, eine Bedeutung zu bekommen. Durch das Schreiben dieses Buches und aufgrund Arianes Geschichte wurde mir bewusst, mit welcher Kraft Träume Botschaften an uns senden. Jede Nacht erzählen Träume, wie es uns geht, dass sich das Leben ändern muss, dass wir vom Weg abgekommen sind. Viel zu flüchtig sind die nächtlichen Träume. Durch das kontinuierliche Aufschreiben der Träume manifestieren sich ihre Inhalte und bekommen eine tiefere Bedeutung. Viel zu oft misst man ihnen aber keine Bedeutung zu und lenkt das Leben äußerlich mit der Hoffnung auf Besserung in eine neue Richtung.

Wie wichtig die Beziehung und der innere Dialog mit sich selbst sind, wird in zahlreichen Büchern beschrieben und ist sicherlich Kernthema vieler psychologischer Therapien. Viele von uns haben es nie gelernt oder im Laufe ihrer Entwicklung zum Erwachsenen verlernt, einen inneren Dialog mit sich zu führen. Sie haben die Begegnung mit sich selbst verloren. Die Bedeutung von Träumen wird oft erst einige Zeit nach ihrem Auftreten deutlich. Sie sind ein Geschenk, das in den Jahren von Erschöpfung und Burnout den Weg raus aus der Krisensituation weisen kann. Träume sind individuell auf das eigene Leben zugeschnitten und weisen eine Lebensrichtung. Sie erzählen, wie es uns geht, wie Situationen wahrgenommen werden, welches Lebensgefühl vorherrscht, wie wir welche Entscheidung treffen sollten. Manchmal geben sie uns auch Hinweise für die Zukunft.

Dieses Buch richtet sich an Menschen, die mithilfe ihrer Träume in den inneren Dialog mit sich selbst treten wollen, die ihre Träume als Wegweiser für das eigene Leben nutzen und spüren wollen, dass die Kraft zur Gestaltung des eigenen Lebens in ihnen selbst vorhanden ist.

In diesem Buch treffen Sie auf die Geschichte Arianes, einer Frau mittleren Alters, die über Jahre hinweg anderen diente, ihr

Leben nach anderen ausrichtete und sich so Schritt für Schritt auf den Weg zur Erschöpfung machte. Das Burnout war die Konsequenz ihres alltäglichen Lebens, der Entfremdung von sich selbst. Sie vergaß, auf ihre innere Stimme zu hören und so im Dialog mit sich selbst zu bleiben. Ihr Tagtägliches spiegelte sich in ihren Träumen wider. Sie träumte verschlüsselte Hinweise dazu, wie es ihr ging und dass sie nicht ihr Leben lebte. Ihre Gefühle und ihre innere Unzufriedenheit waren tägliche Signale, die sie ignorierte, von denen sie sich ablenkte. Ihre Taggeschichte wurde begleitet durch eine Geschichte in der Nacht, die ihr aufzeigte, wie es ihr ging und wie sie ihr Leben neu ausrichten könnte. Die hier behandelten Themen in Bezug auf den dargestellten Lebensausschnitt Arianes basieren auf Tagebucheinträgen, die sie während der Krisensituation vornahm, die zu ihrem Burnout führten.

Die Geschichte von Ariane liefert Ihnen ein Beispiel, wie Sie das tägliche Leben wahrnehmen können, wie Sie die Aufmerksamkeit auf Ihre Träume lenken und schließlich, wie Sie den Bezug zwischen Ihrer Tag- und Ihrer Nachtgeschichte herstellen können. Sind Sie in einer ähnlichen Situation, so werden Sie Aha-Erlebnisse haben, die Sie aufwecken und die den ersten Schritt dafür liefern können, etwas zu ändern. Träume haben etwas Magisches, sie beeinflussen Ihr Leben, ob Sie es wollen oder nicht.

Im *Kapitel 3* zeige ich Ihnen auf, wie wir Menschen vom Weg abkommen und wie es dazu kommen kann, dass wir ein Leben weit entfernt von uns selbst führen. Anschließend erläutere ich Tag- und Nachtträume, ihre Symbolkraft und die Verbindung zum eigenen Leben.

Diese theoretischen Grundlagen werden in Arianes Geschichte deutlich. Sie sehen den Zusammenhang zwischen dem Leben und dem Zustand der Seele. Ich verdeutliche, wie wichtig es ist, diesen inneren Dialog nicht zu verlieren. Im Anschluss daran stelle ich Ihnen einen Weg vor, wie Sie Ihre Träume für sich nutzen können; sie lernen, sie zu interpretieren. Dadurch eröffne ich Ihnen eine Möglichkeit, Ihr eigenes Wesen, die Essenz von Ihnen zu erkennen, im Dialog mit sich selbst zu bleiben, den Mut zu bekommen, auf sich selbst zu hören, und dementsprechend zu leben. Ich richte mich an diejenigen, die ihr eigenes Leben leben wollen, um an dessen Ende zufrieden zurückblicken zu können – in dem Wissen: „Ich habe *meine* Träume gelebt!“

3 Das Außen – der Spiegel des Lebens

Im Rückblick auf das eigene Leben werden uns viele Verhaltensweisen klarer. Manchmal schütteln wir den Kopf über Situationen, die mit Abstand betrachtet eine andere Bedeutung bekommen. Aus der aktuellen Sicht fragen wir uns, warum wir nicht schon eher anders gehandelt haben und einen neuen Lebensweg gegangen sind.

Die Antwort darauf ist relativ einfach: In jeder Situation ist aufgrund von Glaubenssätzen, Mustern, Ängsten und dem individuellen Blick auf die Welt nur genau diese Reaktion, dieser Weg, möglich. Mehr Ressourcen stehen uns nicht zur Verfügung. Glaubenssätze, Muster und Ängste können den Spielraum für Handlungen einschränken. Das eigene Leben wird durch einen Schleier betrachtet, der nur die Sicht auf eine eigene, selbst gebastelte Realität zulässt. Durch Erfahrungen verändert sich unsere Realität im Laufe der Zeit. So das wir im Rückblick erkennen: Das Leben konnte damals so auf Dauer nicht funktionieren.

In der heutigen leistungsorientierten Gesellschaft geht oft der Blick für unser wahres Wesen der eigenen Persönlichkeit verloren. Anerkennung finden wir heute in dem, was wir leisten, und immer weniger in dem, was unsere Persönlichkeit, unser Wesen ausmacht. Eigenschaften und Lebensumstände, die von der Gesellschaft besonders anerkannt sind, stellen wir explizit heraus; wir passen uns unbewusst den gegebenen Lebensumständen an, einfach nur, um gesehen zu werden, um dazuzugehören. Das Nachahmen von Menschen, die glänzen, bekommt einen höheren Stellenwert, als die Eigenschaft, zu sich selbst zu stehen.

Unbewusst agierte Ariane über Jahre ähnlich wie ihr Partner. Dadurch fand sie Halt im Leben, den sie in sich selbst nicht fand. Dabei wuchs langsam eine Abhängigkeit, die ihr eine vermeintliche Sicherheit im Außen gab, ähnlich einem Kind, das seine Eltern braucht, um zu wachsen. Unbewusst wiederholte sie das Abhängigkeitsverhältnis der Kindheit in vielen anderen partnerschaftlichen Beziehungen, um die vergangenen schmerzlichen Erfahrungen auszubessern und wiedergutzumachen. Ariane war in einigen Eigenschaften und Handlungen ein Imitat und kämpfte unter großer Anstrengung darum, von anderen gesehen zu werden. Neben dem Imitieren ist die Anpassung eine beliebte Methode darauf, das eigene Leben nicht zu führen. Die Anpassung schützt uns selbst davor die Angst zu spüren, sich selbst zu leben, sich selbst zu spüren und entsprechend den eigenen Eigenschaften, Fähigkeiten und Werte sich selbst zu entfalten.

Es kommt viel zu oft vor, dass uns in der Kindheit gesagt wird, du bist nicht richtig so, wie du bist, und du solltest dich besser und anders verhalten. Verunsicherungen entstehen, Verhaltensweisen werden den äußeren Umständen angepasst, um nicht aufzufallen. Das zieht sich bis weit in das Erwachsenwerden hinein.

Ahmen wir andere nach, statt authentisch das eigene Wesen zu leben, passen wir uns an, weil wir Angst davor haben, wir selbst zu sein, führt das irgendwann zu psychosomatischen

Schmerzen und Abhängigkeitsverhältnissen, die es uns erschweren, aus dem aktuellen Leben auszusteigen und uns zu ändern.

Bleiben wir nicht bei uns selbst, sondern ahmen andere nach, führt dies häufig dazu, dass wir über die erreichten Erfolge im Leben nicht richtig stolz sein können. Der Glanz des Ruhmes verliert nach kurzer Zeit seine Kraft, nämlich dann, wenn die äußere Bestätigung nicht mehr vorhanden ist. Die eigene Identifizierung mit dem, was wir erreicht haben, fehlt. Eine Leere ist spürbar und der Erfolg, den wir haben, gehört irgendwie nicht uns selbst. Obwohl wir unter Anstrengungen große Leistungen vollbracht haben, ist die Freude darüber nicht aus uns selbst entsprungen. Dieses nachahmende Verhalten verhindert unser inneres Wachstum, wir entwickeln uns nicht.

Der Wunsch, gesehen zu werden, der ständige Kampf um äußere Bestätigung, die Anpassung an das Äußere ohne oder mit wenig eigener Identifikation führen zu immer mehr Abhängigkeit und weg vom eigenen Wesen. Der abhängige Mensch versucht immer mehr, dem, was außen ist, gerecht zu werden, statt seinen eigenen Weg zu gehen.

In den Jahren des Erwachsenwerdens suchen wir nach Anerkennung. Wir suchen nach Menschen, an denen wir uns orientieren können und die Anerkennung durch ihr soziales Umfeld haben. Zum einen wollen wir genauso glänzen wie sie und zum anderen wollen wir ihre Ausstrahlung haben. Menschen, die ihren eignen Weg gehen, strahlen und faszinieren uns. Sie haben eine magische Anziehungskraft, die auf den ersten Blick nicht erklärbar ist. Was dabei oft übersehen wird ist, dass sie diese Ausstrahlung erlangen, indem sie ihren *eigenen* Träumen, Fähigkeiten, Eigenschaften und Werten folgten und nicht denen anderer. Sie leben als Original und nicht als Kopie.

Die Orientierungslosigkeit der Kindheit kann sich im Erwachsenenalter weiter vertiefen. Oft ist die Wahl der Lebenspartner danach ausgerichtet, die eigenen Unzulänglichkeiten auszugleichen. Wir wählen Lebenspartner, welche die aufkommende Leere in unserem Leben scheinbar schließen. Die Anziehung und das Füllen der Leere kann verschiedene Formen annehmen: die Begeisterung für einen Sport, ein Hobby, eine besondere Art zu leben. Der unsichere Mensch adaptiert und passt sich an. Die innere Leere ist scheinbar verschwunden.

Vielleicht belügen wir uns in Bezug auf die eigenen Eigenschaften und Fähigkeiten, weil wir hinsichtlich unserer Identität und Kompetenzen zutiefst verunsichert sind. So richten wir uns an der Umwelt und/oder unserem Partner aus. Vielleicht machen viele Aktivitäten zusammen mit dem Partner auch wirklich Spaß. Gemeinsame Unternehmungen, ein Haus bauen, Musik hören, arbeiten, Urlaube, Tagesabläufe, tägliche Routinen können eine Partnerschaft zusammenschweißen. Die Essenz, das Delta zwischen dem was gemeinsam Spaß macht und dem Leben des eigenen Lebens unterscheidet sich aber durch einen wesentlichen Aspekt: Ausführung und Art der

Aktivitäten sollten in enger und ehrlicher Abstimmung zwischen den Partnern erfolgen. Richten wir uns nur nach den Maßstäben des anderen, so folgen wir einem Sicherheitsbedürfnis. Die Basis des Sicherheitsbedürfnisses ist die Angst, den Partner zu verlieren oder vielleicht auch sich selbst zu finden. Sind die Aktivitäten und ihre Rahmenbedingungen an die Vorgaben des Partners gebunden, so erlangen wir nie ein Gefühl von „ich bin angekommen", des „jetzt ist alles genau so, wie ich es mir vorstelle".

Die Gefahr ist groß, dem Partner für die eigene Unzufriedenheit die Schuld zu geben. Die Unzufriedenheit mit dem Partner und das Unverständnis für den Partner wachsen, weil wir vielleicht nicht reflektieren, dass wir, statt das Leben zu leben, das wir uns wünschen, das des Partners mit leben.

Die kontinuierliche Anpassung erschöpft und führt zu Konflikten. Beim Lebenspartner wiederum entsteht Verständnislosigkeit, weil er sein Leben selbst gestaltet und wahrscheinlich aufgrund der Anpassung des anderen glaubt, dass dieser es ebenfalls tue. Von außen betrachtet, passen „Anpasser" perfekt zu dem jeweiligen Partner oder zu der Lebensweise. Anpasser haben kontinuierlich das Gefühl, dass irgendetwas nicht stimmt. Aber statt die Ursache bei sich selbst zu suchen, projizieren sie das ungute Gefühl auf andere und geben ihnen die Schuld dafür, sodass Konflikte entstehen.

Arianes Lebenspartner arbeitete in einer anderen Stadt. Zu Hause organisierte sie den gesamten Tagesablauf und empfand es als Störung, wenn der Partner an den Wochenenden, an denen er anwesend war, in die Tagesroutine eingriff. Ariane fand Halt in den von ihr strukturierten Tagesabläufen. Sie fühlte sich nicht überfordert und empfand Sicherheit, weil sie die Tagesroutinen in kleinen Schritten meistern konnte. Auf Veränderungen im Tagesablauf reagierte Ariane nervös und ungehalten. Täglich, wöchentlich und monatlich spulte sie das gleiche Programm ab, versorgte ihre Familie, ging arbeiten und organisierte soziale Kontakte. Im Laufe der Zeit waren es auch eigene soziale Kontakte, die sie als schwierig empfand. Doch sie verabredete sich weiter mit ihnen, weil die Lebensmuster, etwa der Bau eines Hauses, zusammenpassten, die Tagesabläufe ähnlich waren oder um die Kinder zusammen spielen zu lassen – es passte irgendwie zu ihrem damaligen Leben. Die Rolle spielte sie gut, es war aber eben nur eine Rolle in der sie gut funktionierte.

In solchen Situationen begleitet uns ein Gefühl, das uns anhaltend signalisiert: Du lebst nicht *dein* Leben. Innerhalb einer Familie die eigene Identität zu leben, den eigenen Freiheitsdrang und die Abenteuerlust auszuleben, aktiv zu sein, aus vollem Herzen die Lebenslust, den Lebensspaß zu fühlen, all das kommt zu kurz oder findet gar nicht statt. Die eigene Lebensfreude, Leidenschaft und Hingabe an das Leben kommen oft nicht zum Ausdruck.

Neben der privaten Situation, die oft so gar nicht zu dem passt, wie Angepasste leben wollen, können auch im beruflichen Umfeld Konflikte entstehen. Um in der Gesellschaft gesehen zu werden und die Aufmerksamkeit für sich zu erhöhen, wird auch bei der Arbeit das Leistungsniveau erhöht. Dieses hohe Leistungsniveau und vielleicht auch die dadurch entstehenden Erfolge sind anderen häufig ein Dorn im Auge. Sie identifizieren den Leistungsbereiten als Überflieger. Neid kann entstehen, der sich dann negativ auf die eigene Arbeit auswirkt. Neider können versuchen, die Arbeit des Angepassten zu sabotieren. Ihnen ist nicht bewusst, dass der Angepasste oft nur ein Spiegel des Saboteurs ist. Die Arbeitsumgebung wird so zusätzlich zur Belastung, sodass manchmal der einzige Ausweg darin besteht, den Arbeitsplatz zu wechseln.

Die beruflichen und privaten Situationen sind miteinander verbunden. Sie belasten das Leben gleichermaßen. Angepasste sitzen in einem Boot, das zu kentern droht. Für Ariane lag die beste Entscheidung darin, den Arbeitsplatz zu wechseln, das Zuhause konnte sie *noch* nicht wechseln. Dazu war sie zu schwach und von ihrer Situation abhängig. Den ganzen Tag unter stetiger Anspannung zu stehen, war für sie eine seelische wie körperliche Belastung.

Nach dem Arbeitsplatzwechsel spürte sie zum ersten Mal, wie sie sich wirklich fühlte: müde, energielos, ängstlich, leer. Ariane erschrak vor diesem Zustand und merkte, dass sie nicht mehr arbeiten wollte, ja nicht mehr konnte. Jeden Morgen kostete es mehr Kraft, zur Arbeit zu gehen. So war der Weg zum Therapeuten das einzig Richtige. Ariane ist insgesamt 15 Monate zu Hause geblieben und hat sich um ihre Seele und ihren Körper gekümmert: Wenn du etwas änderst, dann ändere alles. In kleinen Schritten, auch mit Rückschritten, ist Ariane ihrem eigentlichen Leben ein ganzes Stück nähergekommen. Durch die wöchentlichen Gespräche mit dem Therapeuten eröffnete sich für Ariane ein neuer Blickwinkel auf ihr bisheriges Leben. Schritt für Schritt erkannte sie, dass sie gerade im beruflichen Kontext auf einem Entwicklungsweg gewesen ist, der nicht den Fähigkeiten und Eigenschaften ihres Wesens entsprach. Die Sicht auf das eigene Wesen war verschleiert. Jetzt bestand ihre Aufgabe darin diesen Schleier aufzulösen, Maßnahmen und Schritte einzuleiten, die sie auf den Weg zu einen glücklichen und erfüllten Leben führte.

Der Lebensweg von Ariane wurde bis zu diesem Punkt von nächtlichen Träumen begleitet. Ihre Träume waren ihre ständigen Begleiter im Sturm der Gefühle und des täglichen Auf und Ab. Arianes Geschichte ist ein Beispiel für all diejenigen, die sich in einer ähnlichen Situation befinden. Die nächtlichen Geschichten spiegelten Arianes Tagesablauf und gaben Auskunft über ihr Befinden. Das tägliche Auf und Ab der Gefühle und Arianes Lebensgeschichte lesen sie in *Kapitel 5: Das Innere – die Träume* Sie sehen, welchen Weg Ariane gehen musste, um die zu werden, die sie heute ist.

Ich möchte Ihnen durch Arianes Geschichte Mut machen und Ihnen zeigen, welche Entwicklung möglich ist. Der beste Lebensberater ist in Ihnen. Hören Sie auf Ihre innere Stimme, gehen Sie Ihren Weg und hören Sie auf Ihren Ruf.

4 Individuationsprozess – so wie außen, so auch innen

„Nichts kann das im Außen Geschehene deutlicher sichtbar machen als die Träume, die wir haben. Nichts ist aussagekräftiger und zugleich undurchsichtiger als die Symbole, die uns in der Nacht begleiten. Nichts ist flüchtiger und doch so greifbar wie die Geschichten unserer Seele."
Claudia Täubner

4.1 Was Träume bedeuten

Mit dem Leben und mit sich selbst im Dialog zu sein, ist eine wesentliche Voraussetzung, um gesund zu leben. Tagträume sind neben den Nachtträumen der Königsweg zu unserem Selbst. Beachten wir unsere Tagträume und fangen wir an, sie zu deuten, so sehen wir unsere Stärken und Schwächen, unsere geheimsten Sehnsüchte und unsere stärksten Ängste. Alle Tagträume sind ein individueller Ausdruck unserer Gedanken und unserer Seele (Ernst; 2011).

Tagträume können *Seelenwächter* sein, wenn man sie beachtet und anfängt, zu interpretieren. Beginnen wir, in die Ferne zu sehen und einen Punkt zu fixieren, fangen wir an tagzuträumen. Wir bereiten uns geistig und seelisch auf die bevorstehende Präsentation vor, halten ein Streitgespräch, wiederholen in Gedanken Situationen, die uns irgendwie belastet oder beglückt haben, bereiten unseren nächsten

Urlaub vor, planen den Tag oder sind einfach nur für den Augenblick präsent, glücklich und zufrieden.
In Angstsituationen versuchen wir, uns durch Tagträume zu beruhigen, oder wir verstärken die Situation in die negative Richtung. Je nachdem, wie unsere generelle Einstellung zum Leben ist, verschlimmern wir eine Situation oder wir versuchen mittels unseres Verstandes, einen guten Ausgang für eine Situation herbeizuführen. Tagträume sind Ausdruck unserer Seele. Sie zeigen uns an, wie wir uns fühlen, und weisen darauf hin, was wir verändern können oder wo wir stimmig in unserem Leben sind.
Unbewusst oder bewusst gleiten unsere Gedanken in Tagträume ab. Ganz nach innen gerichtet oder vielleicht lächelnd auf einen Punkt fixiert, spüren wir, dass wir uns gerade in einer anderen Sphäre befinden. Tagträume sind im Gegensatz zu Nachtträumen leichter zugänglich. Wir wandern zwar zu unserem Selbst, sind aber bei vollem Bewusstsein. Tagträume sind den luziden Träumen ähnlich. Wir können ihre Handlungen bewusst steuern und befinden uns eben nicht im Schlaf. Wir träumen mit offenen Augen.
Betrachten wir Tagträume wie ein riesiges Sammelsurium von inneren Bildern und Gedanken, so steht uns eine Fülle deutungsfähiges Material zur Verfügung, um unser Leben zu gestalten. Meist nutzen wir aber diese geheimnisvollen Informationen nicht. Wir sehen sie nicht als Teile von uns, nicht als Hinweise, wohin unsere Lebensreise gehen könnte. Vielleicht ignorieren wir sie deshalb, weil sie oft ein Mittel

gegen Langeweile sind, oder Tagträumer eher als negativ kommuniziert werden. Wie oft hört man andere fragen: „Was denkst du gerade, wo bist du gerade, träumst du gerade?" Wir werden durch diese Störungen wieder in die Realität zurückgeholt. Ich selbst wurde in meiner Kindheit oft als „kleines, verträumtes Mädchen" bezeichnet, weil ich häufig deutlich sichtbar in die Trance von Tagträumen abglitt und deswegen möglicherweise sonderbar wirkte.

Das Ruhestandsnetzwerk, das sogenannte default network, wird aktiv, wenn wir tagträumen. Es ist ein Teilsystem des Gehirns, welches in dieser nach außen scheinenden Abwesenheit mit Hochdruck Bilder und Eindrücke verarbeitet. Es verknüpft verschiedene Erinnerungen und Eindrücke zu neuen Szenarien, sodass wir nach der Rückkehr ins Bewusstsein unsere Aufgaben wieder aufnehmen und das Leben meistern können. Dadurch erinnern wir uns regelmäßig an unsere Ziele, erneuern und überarbeiten sie. In unseren Gedanken werden Vorbereitungen getroffen, Probleme gelöst und Szenarien erdacht, die Wegweiser für unsere Ziele sein können. In der Traumzeit während des Tages verbraucht das Gehirn weit mehr Energie als durch bewusste körperliche Handlungen. Tagträume trainieren das Gehirn für zukünftige Aufgaben und dienen der Speicherung von Erinnerungen. Mithilfe von Tagträumen und die interne Zusammenstellung neuer Szenarien bekommen wir eine Vorausschau auf unser Leben in Form von Visionen.

Oft ordnen wir dabei auch unser soziales Leben. Dabei läuft vor uns häufig ein Beziehungsfilm ab, in dem wir das, was wir anderen sagen, und mögliche Antworten gegeneinander abwägen. Wir bewerten es und gehen unterschiedliche Reaktionen anderer durch, bis wir zu einer für uns befriedigenden Lösungen gekommen sind.

Möglicherweise ist das Tagträumen eine Vermittlung, ein Abgleichen zwischen innen und außen, eine Methode, um zu überprüfen, ob wir noch auf unserem Lebensweg sind und das, was im Außen geschieht, unserem Inneren entspricht. Wie bereits erwähnt, dienen die Gefühle, die uns bei der Schaffung innerer Szenarien begleiten, als Wegweiser. Während des Tagträumens können wir anhand unserer Gefühle immer wieder abgleichen, ob das, was wir in unseren Erinnerungen erbauen, positiv oder negativ zu bewerten ist. Wir können so entscheiden, welches Gefühl stimmig ist und welche Richtung wir im Außen einschlagen möchten.

Heiko Ernst schreibt in seinem Buch „Innenwelten: Warum Tagträume uns kreativer, mutiger und gelassener machen", dass die wesentlichen Aufgaben von Tagträumen drei Aspekte umfassen. Erstens ist eine Wunscherfüllung in der Fantasie zu bewerkstelligen. Zweitens wird dabei oft ein ausreichendes Lusterleben erreicht und drittens erfolgt ein Frustrations- und Spannungsabbau, der es ermöglicht, die innere Balance wiederherzustellen. Diese drei Aspekte gehen meiner Meinung nach immer mit intensiven Gefühlen einher. Der Mensch neigt dazu, negative, schmerzhafte Gefühle zu überwinden, indem er sie durch positive Gefühle neutralisiert. Jeder Gedanke ist immer mit einem Gefühl verbunden. Erinnern wir uns beispielsweise an eine Auseinandersetzung mit unserem Chef, die für uns negativ ausgegangen ist, so versuchen wir unser negatives Gefühl zu neutralisieren, indem wir zum Beispiel im Kopfkino unserem Chef endlich mal die Meinung sagen und versuchen, als Gewinner aus dem Szenario hervorzugehen. Dadurch erleben wir einen Frustrations- und Spannungsabbau, der unsere Gefühle positiver macht.

Durch Tagträume kann man immer wieder in eine andere Welt verschwinden. Diese Welt steht uns jederzeit offen, egal ob wir uns langweilen, uns trösten oder beruhigen müssen, einen Streit schlichten oder ein Gespräch vorbereiten wollen, ob wir unbekanntes Terrain betreten oder fliegen möchten. Alles ist dort möglich, um die eigene innere Balance wiederherzustellen oder uns auf Zukünftiges einzustellen.

Im Gegensatz zu Tagträumen sind Nachträume bzw. Träume, die wir im Schlaf erleben, unbewusst. Wie bei den Tagträumen sind in den Nachtträumen Gedanken und Gefühle präsent. Der Unterschied besteht darin, dass Nachtträume nicht direkt zugänglich sind, sondern eine Teilmenge von dem, woran sich die Person nach dem Aufwachen noch erinnert.

Mit der Frage, warum wir träumen, hat sich Professor Dr. Schredl beschäftigt. Es spricht viel dafür, dass das Träumen in erster Linie der Problemlösung dient: Erstens greifen Träume auf frühere Szenarien zurück und selektieren für das zu lösende Problem Handlungsstränge. Zweitens werden neue kreative Möglichkeiten für die Lösung eines Problems gesucht. Beispielsweise wird in einem Angsttraum gezeigt, dass die Angst zunimmt, weil problematische Verflechtungen immer größer werden. Darüber hinaus wird vermutet, dass das Träumen ein genetisches Programm ist und wir uns im Schlaf gegen Ängste aus dem Wachbewusstsein wappnen. Weiterhin werden insbesondere in der Kindheit die neuronalen Verbindungen, die zur Reizübertragung im Gehirn notwendig sind, durch das Träumen stabilisiert (Schredl, 2013).

Tag- und Nachtträume sagen uns, wer wir sind, wenn wir sie beachten und lernen, sie zu deuten. Träume zeigen uns unsere Schwächen und Stärken auf. Sie können unsere tiefsten Sehnsüchte und Ängste enthüllen. Beide Traumtypen sind individuelle Ausprägungen des Geistes und der Seele. Sie zeigen uns teilweise verschlüsselt, teilweise sehr klar, wo die Lebensreise hingeht. Tagträume, die wir regelmäßig haben, oder Nachtträume, die sich wiederholen oder immer wieder ein ähnliches Gefühl auslösen, zeigen uns, was nicht stimmig ist und wo wir möglicherweise von unserem Weg abgekommen sind. Tag- und Nachtträume sind also Wegweiser der Seele, des inneren Wesenskerns auf dem Weg zu sich selbst.

Die Beschäftigung mit den eigenen Träumen kann zu einer Entfaltung der kreativen, schöpferischen Kraft führen. Carl Gustav Jung führte in seiner Schrift „Mythobiography“ auf, dass die Rolle des Traumanalytikers darin besteht, in einem Dialog über den Nachttraum dessen unbewusste Botschaften ins Bewusstsein zu holen. Die Traumanalyse bewusst zu betreiben, führt zur lebendigen Realisierung unseres Selbst. Träume sind etwas Positives, das es zu pflegen und zu entwickeln gilt.

Jeder Mensch ist individuell und perfekt. Jeder Mensch hat seine ganz persönlichen Träume. Niemand kann Ihre Kopfbilder teleportieren, abfotografieren oder kopieren. Die Tages- und Nachtbilder sind eine Summe aus Erlebnissen, Menschen, Dingen, Erfahrungen, Kenntnissen, Eigenschaften, Werten, Normen und unzähligen weiteren Aspekten. Diese Träume sind weder richtig noch falsch, sondern Ausdruck unserer Seele, die mit uns spricht und so einen Wegweiser für *unser* Leben bereitstellt. Unsere Ängste können richtungsweisend sein, genau da liegt das Entwicklungspotenzial unserer Seele, genau dahin führt unser eigenes Leben: Da wo die Angst ist, liegt der Weg.

4.2 Die Traumanalyse nach C. G. Jung

Wie können uns Träume unseren Weg weisen? Wie können wir die nächtlichen Botschaften verstehen und interpretieren?

Bestandteile jeder Sprache, jedes Zeichensystems sind Syntax und Semantik, die zu unendlich vielen Bedeutungen verknüpft werden können. Die Syntax als Teilbereich der Grammatik stellt uns das Regelwerk zur Verfügung, auf dessen Grundlage wir mittels verschiedener Grundelemente wohlgeformte Sätze einer Sprache bilden können. Die Semantik beschäftigt sich mit der Bedeutungsseite der Zeichen, der Wörter. Wir lernen beim

Lichtgespenster

Spracherwerb, wie wir einzelne Zeichen aneinanderreihen können, um eine verständliche und sinnvolle Aussage zu erhalten. Wir haben gelernt, wie das Wort *Träume* geschrieben wird und was es bedeutet: Träume sind nächtliche Bilder, die uns im tiefen Unbewussten, im Schlaf begleiten können. Jeder Sprecher des Deutschen kennt dieses Wort und kann es entsprechend deuten. Wir wissen, dass auch der Kontext sowie die Betonung eines Wortes wesentlich für die Aussage sind. „Träumst du schon wieder?" könnte eher als Vorwurf verstanden werden, wohingegen „Hast du heute Nacht schöne Träume gehabt?" dem Wort *Träume* einen positive Bedeutung beimisst. Je nachdem, ob wir mit Wörtern oder Sätzen eine positive oder negative Bedeutung verbinden, reagieren wir mit unseren Gefühlen unterschiedlich darauf.

Betrachten wir Personen, so kann jedem etwas anderes an einer Person auffallen – der Fokus liegt im Auge des Betrachters. Uns fallen verschiedene Eigenschaften und Fähigkeiten an Personen auf, die wir eng mit ihnen verknüpfen. „Klaus ist immer so ordentlich in dem, was er macht" wohingegen ein anderer an Klaus dessen Perfektionismus sieht. Klaus bekommt für die betrachtete Eigenschaft auf der einen Seite eine positive Wertung, auf der anderen Seite vielleicht eine eher negative.

Je nachdem wie wir bestimmte Personen, Situationen, Sätze oder Wörter für uns in der eigenen Weltsicht interpretieren, verwenden wir sie für uns auch als Akteure und Interpretationen im Traum.

Träume haben eine starke Symbolkraft. Die Bilder enthalten mehr als wir ihnen im Wachzustand, bei vollen Bewusstsein, zusprechen würden. Träume enthalten immer einen unbewussten Aspekt, der in Form von Bildern aufgezeigt wird. Sie benutzen Bilder, in denen Gegenstände und Menschen vorkommen, die mit einer symbolischen Aussage verknüpft sind.

„Sigmund Freud war der erste, der auf empirische Weise den unbewussten Hintergrund unseres Bewusstseins erforschte. Er nahm an, dass die Träume nicht zufällig erscheinen, sondern mit bewussten Gedanken und Problemen in Zusammenhang stehen", sagte Jung in der Mensch und seine Symbole (Jung, 1999). Freud und Josef Breuer stellten Zusammenhänge auf psychosomatischer Ebene fest. Sie erkannten, dass neurotische Symptome wie Schmerzen oder abnormales Verhalten auch symbolisch bedeutsam sind. Psychosomatische bzw. neurotische Schmerzen sind wie Träume eine Ausdrucksform des Unbewussten und in gleicher Form symbolisch wie Träume. Belastende Probleme können sich körperlich auf unterschiedliche Art und Weise ausdrücken. Zum Beispiel: Jemand, der sich selbst massiv ablehnt, bekommt übertriebene Niesanfälle. Er zieht sich zurück und hat einen enormen Widerstand gegen das Leben. Eine andere Person, die in einer unerträglichen Lage ist, bekommt vielleicht einen Krampf beim Trinken, der sie daran hindert, das Getrunkene zu schlucken. Asthmatiker tragen eine bestimmte Lebensangst mit sich herum, sie haben Angst vor dem eigenen

Ich. Sie suchen Halt in anderen Personen, meist Vater, Mutter und später in dem Partner, die das eigene Ich ersetzen sollen. Viele Beispiele dafür finden sich in Christiane Beerlandts Buch „Der Schlüssel zur Selbstfindung“. Das Buch zeigt auf, wie sich belastende Probleme unbewusster Art ausdrücken können. Häufig zeigen sie sich in Träumen. Träume geben uns kurzfristige Signale, psychosomatische Beschwerden treten auf, wenn wir sie nicht beachten.
Freud beobachtete bei seinen Untersuchungen, dass ein Träumer den unbewussten Hintergrund seines Leidens verrät, ermutigt man ihn, über seine Träume und den dazugehörigen Gedanken zu sprechen. Nicht nur die Gedanken sind relevant, sondern auch die Gefühle, die durch Träume entstehen. Jeder Traum sagt etwas Bestimmtes aus. Das ist der Weg, über den das Unbewusste mit uns spricht.
Freud ging davon aus, dass jeder Traum, jedes Bild im Traum eine sexuelle Allegorie ist. Die vielfältigen Bilder, die uns jede Nacht begleiten, seien also oft ein Ausdruck des Geschlechtsaktes. Jung ging einen Schritt weiter und überlegte, dass das Unbewusste aus gutem Grund genau diesen Gegenstand von dem wir träumen ausgesucht hat, dass also ein Stock nicht unbedingt ein Phallussymbol sein muss oder eine Höhle das weibliche Geschlechtsorgan darstellt. Die Aufgabe der Traumdeutung besteht nach Jungs Ansicht also darin, die Frage zu stellen, warum wir beispielsweise von einem Stock und nicht von einem anderen Gegenstand träumen. Jeder Traumdeuter ist dazu aufgerufen, eine

Interpretation für sich zu finden und zu überlegen, welche Bedeutung er einem geträumten Gegenstand in seinem Wachleben gibt *(siehe 6.2 Traumtagebuch – eine Struktur, um sich zu erinnern)*. Daraus ergab sich für Jung, dass nur die ganz eindeutigen Symbole für die Traumdeutung verwendet werden sollten. Der Traum zieht seine eigene Grenze.
Für die Interpretation von Träumen sind zwei Aspekte wichtig: Zum einen stellt ein Traum eine Tatsache dar und zum anderen ist ein Traum ein spezifischer Ausdruck des Unterbewusstseins. Betrachten wir Bewusstsein und Unterbewusstsein, sehen wir, dass sie eng miteinander verknüpft sind. Das ist eine wichtige Grundlage für die Interpretation der Träume. Ein Beispiel soll das verdeutlichen. Jedem von uns ist es schon passiert, dass wir einer Freundin, einem Freund eine Geschichte erzählen wollen und wir uns plötzlich nicht mehr daran erinnern können, was wir eigentlich erzählen wollen. Oder wir sehen eine Straße in einer Stadt in Gedanken vor uns, können uns aber partout nicht an den Straßennamen erinnern, obwohl wir schon unzählige Male dort gewesen sind. Lenken wir uns dann von dem Vergessenen ab und erzählen etwas völlig anderes, so kommt diese Information irgendwann wieder, ohne das wir bewusst darüber nachgedacht haben.
Jung schreibt: „Wenn etwas aus unserem Bewusstsein verschwunden ist, hört es nicht auf zu existieren, genauso wenig wie ein Auto, das um eine Ecke gefahren ist, sich nicht in Luft aufgelöst hat. Es ist nur nicht mehr sichtbar. Ebenso wie

wir dem Auto vielleicht wieder begegnen, kommen auch Gedanken wieder, die uns zeitweise verlorengegangen sind (Jung, 1999).“ Unbewusstes kann somit nicht nach Belieben wieder hergestellt werden, es hat aber nicht aufgehört zu existieren, sondern ist immer noch in einer anderen Bewusstseinsebene vorhanden.

Alle Arten von Sinnesreizen werden kontinuierlich von uns wahrgenommen. Kindheitserinnerungen können spontan geweckt werden, wenn wir eine Mandarine schälen. Wir erinnern uns plötzlich an eine Situation mit unserer Mutter zu Weihnachten, die abends immer Mandarinen für alle geschält hat. Ein weiteres Beispiel: Ist man selbst kein Kaffeetrinker und begegnet dem Geruch daher nicht regelmäßig, können wir durch ein zufälliges Auftreten von Kaffeeduft an das morgendlich Frühstück in der Schulzeit erinnert werden. Es sind solche Situationen, die wir bewusst erlebt, aber wieder vergessen haben, die durch Sinnesreize wieder zum Gedanken werden. Gerüche, akustische, geschmackliche oder visuelle Eindrücke im Jetzt können ein Auslöser dafür sein, dass wir uns an Situationen und Ereignisse aus der Vergangenheit erinnern.

Die Frage ist also, warum vergessen wir Situationen, Ereignisse oder Dinge bzw. lassen diese in unser Unterbewusstsein absinken. Eine Antwort könnte lauten, dass dieses *Material* deswegen unbewusst geworden ist, weil kein Platz mehr im Bewusstsein vorhanden ist. Jung erklärt, dass einige Gedanken emotionale Energie verlieren und dann ins

Unbewusste abfallen. Sie werden allmählich uninteressant oder unwichtig. Dadurch schaffen wir Raum für neue Eindrücke und Erlebnisse. Aber auch die andere Richtung ist wichtig: Vergessenes Material dringt vom Unbewussten ins Bewusstsein zurück, wie oben schon erwähnt. Manchmal haben wir ohne konkreten Kontext eine Ahnung, dass irgendetwas ins Bewusstsein hochsteigen will. Man fühlt etwas. Manchmal verschwindet dieses Gefühl dann aber gleich wieder. Die Erinnerung kommt erst zu einem späteren Zeitpunkt, manchmal kommt das Unbewusste spürbar ins Bewusstsein, vielleicht in einer Art Aha-Erlebnis.

Weiterhin können Ideen und Gedanken aus dem Unbewussten hochsteigen, die nie zuvor im Bewusstsein gewesen sind. Sie sind vielleicht die Grundlagen für neue schöpferische Ideen, für neue Erfindungen, wunderschöne Bilder oder nie zuvor dagewesene Gegenstände. Es entsteht eine neue Sichtweise auf Situationen, die zu neuen Lösungen führen kann. Viele kreative Personen verdanken diesen Geistesblitzen ihre genialen Ideen. Es spielt sicherlich auch die Kombination der eigenen Fähigkeiten, Eigenschaften und der Erfahrungen mit, die jeder Mensch im Laufe der Jahre gemacht hat. Die unbewusste Kombination dieser Vielfalt an Informationen ergibt vielleicht nie zuvor dagewesene Gedankenmuster.

Die Träume, die ab *Kapitel 5* vorgestellt werden, erzählen einen Lebensabschnitt, in dem Krankheitssymptome immer mehr in den Vordergrund des Lebens rücken. Geschichten, die wir anderen erzählen, haben einen konkreten Anfang, ein

Ende und (hoffentlich) auch einen logischen Zusammenhang. Der Erzählende wird immer darauf achten, dass Unklarheiten aufgelöst werden und so ein sinnvoller Erzählzusammenhang entsteht. Träume dagegen stellen einen Teilausschnitt dar, der Tatsachen, Gegenstände, Ereignisse etc. aus dem bewussten Leben aufgreift, sie vielleicht auf bisher nie dagewesene Weise kombiniert und eine Momentaufnahme wiedergibt. Diese kann im Sinne unserer bewussten Gedanken widersprüchlich sein, teilweise völlig übertriebene Bilder darstellen, angstmachende Szenarien erzeugen, bedrohliche Aspekte hervorrufen.

Für unseren Verstand sind diese nächtlichen Geschichten unverständlich, sie ergeben auf den ersten Blick keinen Sinn und verwirren uns. Jung erklärt, dass wir uns klarmachen sollen, dass die Vorstellungen, mit denen wir uns in dem anscheinend geordneten Leben bewegen, keinesfalls so präzise sind, wie wir oft annehmen. Das Gegenteil ist der Fall, die Bedeutung von Geschichten und das dazugehörige Gefühl werden immer ungenauer, je näher wir es untersuchen. Das liegt daran, dass bewusste Geschichten ins Unterbewusstsein dringen. Aber selbst bewusst gebliebene Geschichten, die nach Belieben reproduziert werden können, verändern sich im Laufe der Zeit, weil Teilaspekte dieser Geschichten einen unbewussten Unterton bekommen. Vielleicht erinnern Sie sich an das Spiel *Stille Post*. Bei diesem Spiel wird ein Wort im Flüsterton von Person zu Person weitergegeben. Das Wort kann so leise gesprochen werden, dass man es nicht versteht und sich dann selbst ein Wort ausdenkt. Oder, das eigene

Unbewusste kann auch einen *Schatten* über das gesprochene Wort legen und ihm so eine andere Bedeutung geben.
Alle Menschen nehmen die Welt unterschiedlich war. Geschichten, die erzählt werden, werden unterschiedlich verstanden. Wie oben bereits erwähnt, haben Wörter eine Bedeutungsseite, diese kann unterschiedlich ausgelegt werden und zu unterschiedlichen Interpretationen und Gefühlen führen. Begriffe werden also immer individuell verstanden und benutzt, sie können verschiedene Färbungen haben. „Natürlich sind die Bedeutungsunterschiede am größten, wenn Menschen verschiedene soziale, politische, religiöse oder psychologische Erfahrungen haben“, sagt Jung (Jung, 1999). Es ist wichtig, sich bewusst zu machen, dass auch klare und eindeutige Definitionen mehr unbewusste Kontexte erhalten können, als wir allgemein annehmen. Jeder Begriff hat seine individuelle psychische Assoziation, er wird mit verschiedenen Gefühlen hinterlegt. So wird sein *normaler Charakter* verändert.
Die Intensität, mit der wir die nächtlichen Träume wahrnehmen, ist unterschiedlich. Alltägliche Dinge, die uns im Wachleben als unbedeutend erscheinen, können in der Nacht zu bedrohlichen Träumen werden. Beispielsweise das Laufen auf einer Stelle, der vergebliche Versuch, immer wieder in einen Bus einzusteigen, das vor vielen verschlossenen Türen Stehen, was plötzlich Angstzustände auslöst. Sicherlich fällt auch Ihnen das eine oder andere Traumbild ein. Rational betrachtet ist eine Tür ein Objekt, das man öffnen und schließen kann, durch das man hindurchgehen kann. Der Traum mischt diesem

Objekt noch eine unbewusste Komponente hinzu, die eine weitere Bedeutung für dieses Objekt zulässt. Dadurch wird das Objekt symbolisch. Der Traum könnte schwierig zu interpretieren sein, wenn für die unbewusste Komponente keine rationale Erklärung einfallen will.

Als Kind habe ich immer wieder geträumt, dass ich in einem Flugzeug sitze und abstürze. Das Flugzeug ist nie auf dem Boden angekommen. In dem Traum habe ich mich haltlos, hilflos, raumlos und ängstlich gefühlt. Damals fand ich keine Erklärung dafür. Heute kann ich sagen, dass ich in der Kindheit nicht den Halt von meinem sozialen Umfeld bekommen habe, den ich gebraucht hätte. Der Sachverhalt wird also nicht eins zu eins aus dem täglichen Wachleben übernommen, sondern symbolisch dargestellt. In meinem Beispiel entstand eine Metapher, die ich als Kind nicht verstand, vor der ich mich aber vor dem Einschlafen immer fürchtete. In der Nacht baut sich wie im Märchen eine wunderschöne Phantasiewelt auf, in der die sinnhafte Bedeutung von Wörtern mit psychischen Assoziationen des Wortes kombiniert wird. Durch Unterlegung von Gefühlen wird eine Welt eröffnet, die uns im Wachleben oft verborgen bleibt.

Tagsüber sind wir mit unseren Gefühlen nicht so verbunden, das wir sie immer bewusst wahrnehmen. Oft sind wir zu stark gefangen in Tagesabläufen, Routineaufgaben, Terminen, Gesprächen etc. Jung schreibt, dass es also weitere Mittel geben müsse, die uns gewisse Dinge so wirkungsvoll wie möglich nahebringen, damit wir unser Verhalten ändern, uns

z. B. von Menschen trennen oder sie integrieren, Wege verlassen oder neue Wege finden. Die Traumsprache hat neben Syntax und Semantik eine Symbolik, die genügend psychische Energie besitzt, um uns auf das eigene Entwicklungspotenzial aufmerksam zu machen. Ob wir uns einen Traum näher ansehen oder nicht, ist erst einmal nicht relevant, weil die Wirkung auf das Bewusstsein in jedem Fall da und erst einmal einen Einfluss auf das Leben hat. Besonders bei sehr rationalen Menschen, die starken Wert auf äußere Dinge wie Aussehen, Prestige etc. legen, wirken die Traumbotschaften nachhaltig am Tage.

Allgemein besteht die Aufgabe der Träume darin, unser psychisches Gleichgewicht durch die vielfältige Kombination von Traumsymbolen wiederherzustellen. Beispielsweise deuten Träume vom Fliegen oder Fallen darauf hin, dass Mängel der eigenen Persönlichkeit im Traum ausgeglichen werden. Sie warnen davor, die Richtung beizubehalten. So wie Träume die aktuelle Situation darstellen, können sie auch zukunftsweisend sein. Träume können im Schlaf beeinflusst werden (luzides Träumen) oder wie oben erwähnt, eine Lösung für das eigene Problem produzieren. Die vielen Typen von Träumen werden in folgender Literatur auf unterschiedliche Art und Weise vorgestellt: Vollmar, 2011; Huber, 2007; Kast 2008.

Laut Jung haben viele Krisen in unserem Leben eine lange unbewusste (Vor-) Geschichte. Wir nähern uns den Krisen im Leben Schritt für Schritt, ohne der Gefahr bewusst zu werden, möglicherweise zu erkranken. Dies werde ich Ihnen im *Kapitel*

5: Das Innere – die Träume an einem authentischen Beispiel des Burnouts aufzeigen.

4.3 Der seelische Heilungsprozess

Jung hat durch Gespräche mit Menschen zahlreiche Träume bearbeitet. Dabei entdeckte er einen deutlichen Zusammenhang zwischen den Träumen, das sogenannte *Lebensmuster*. Er bezeichnete dies als Individuationsprozess. Da die Träume bei uns Menschen nicht regelmäßig jede Nacht vorhanden sind, und auch von Nacht zu Nacht unterschiedliche Szenen enthalten, die erst einmal keinen Zusammenhang erkennen lassen, übersehen wir oft den *großen* Zusammenhang der Träume. Betrachten wir unsere Träume über einen längeren Zeitraum, so sehen wir, dass manche Themen, auch nach Pausen, immer wiederkehren. Manchmal wiederholen sich Personen, Gegenstände und Situationen oder wandeln sich Stück für Stück ab. Das Abwandeln von Träumen geschieht oft dann, wenn eine intensive Beschäftigung mit der Traumdeutung erfolgt. Durch das regelmäßige Traumdeuten erkennen wir die Zielrichtung unserer Träume und dadurch, wie inneres Wachstum möglich ist. Hier spielen der Animus, die Anima und die Integration des Schattens eine wichtige Rolle.

Der Animus bezeichnet das männliches Element (Symbol) in einer Frau und die Anima das weibliche Element in einem Mann. In *Kapitel 5* werden Sie in den dort wiedergegebenen Träumen vornehmlich mit dem Animus in Berührung kommen. Der Schatten tritt in Träumen von Frauen als unbekannte Frau auf, in denen von Männern als unbekannter Mann. Oft ist der Schatten aus irgendeinem Grund auffällig, z. B. hinsichtlich der Kleidung, der Schminke, des Ausdrucks, der Körperhaltung. Der Schatten ist die angstmachende Unbekannte und der eigentliche Schlüssel zum Leben. Für Jung ist der Schatten einfach das gesamte Unbewusste, die Verkörperungen im Traum als Frau oder Mann wandeln sich immer wieder. Die *Schattenperson* scheint uns bekannt vorzukommen und ist uns dennoch fremd.

So kann sich beispielsweise der Animus im Traum einer Frau im Laufe der Zeit von einem mageren, unselbstständigen Studenten zu einem kraftvollen, leidenschaftlichen Mann entwickeln. Träumend erhalten Frauen so eine Bestätigung, dass sich ihr männliche Anteil kontinuierlich entwickelt und ausgeprägt hat.

Aufgrund der Träume und den Veränderungen, die in den eigenen Träumen dargestellt werden, entsteht äußeres Wachstum. Jung ist davon ausgegangen, dass das Wachstum durch ein seelisches Zentrum – dem Selbst – organisiert wird, was den sogenannten *Kern* der Seele darstellt. Das Selbst ist das, was wir sein sollen, oder besser gesagt, was die Seele anstrebt. Die Seele des Menschen ist nichts anderes als ein innerer Gefährte, der auch als innerer Freund bezeichnet werden kann. Jung erklärt das mithilfe der Naskapi-Jäger, die tief auf ihre Träume eingehen und dadurch eine enge Verbindung zu dem *großen Mann,* die Seele, in ihnen entstehen lassen (siehe Jung, 1999). Die Jäger nutzen also unbewusst den Seelenkern, den Jung als Selbst bezeichnet.

Das Selbst ist das, was bei der Geburt des Kindes rein und unbefleckt vorhanden ist. Es enthält alle Informationen zur Entwicklung der Fähigkeiten und Eigenschaften, die einem Menschen von Geburt an mitgegeben wurden. Vielleicht enthält es aber auch schon einen ungefähren Weg, den die Seele bereit ist, zu gehen. Durch viele Einflussfaktoren die uns im Laufe der eigenen Entwicklung hin zum Erwachsenen begegnen, verändert sich das Selbst. Vielleicht werden eigene Eigenschaften und Fähigkeiten von anderen als störend oder nicht richtig interpretiert, so das die Folge oft eine gut gemeinte Veränderung des Selbst durch Erziehung ist. Verläuft der Weg nicht nach unseren eigenen Wünschen und Bedürfnissen, sondern folgt dem, was andere Personen und unser Umfeld von uns erwarten, wehrt sich die Seele, durch eigene Gefühle, durch die Träume, dann durch psychosomatische Beschwerden. Gerade dann, wenn wir zu weit von dem abkommen, wofür unser Selbst bestimmt ist, feuert unsere Seele Warnschüsse in Form von Träumen ab. Erst leise und dann immer lauter, bis sie nicht mehr zu überhören sind.

Es hilft uns nicht, andere Personen nachzuahmen, weil wir sie bewundern, denn das, was sie bewundernswert macht, bekommen wir für uns selbst nur, wenn wir unserem eigenen Selbst folgen.

Ein inneres leises Gefühl bzw. eine Stimme weist uns den Weg. Jeder hat einen ganz individuellen, einzigartigen Auftrag

und Lebensweg vor sich. Jeder hat einen anderen Weg, eine individuelle Richtung, seine eigene Individuation.
Das Unbewusste ist der Zugang zu unserem Selbst und die Träume sind die Sprache des Selbst. Es sind die Botschaften der Träume, die uns helfen, das Selbst zu entwickeln und das zu leben, was wir von Geburt an werden sollten. Das Selbst hilft uns, individuell zu werden, wenn wir auf diese einzigartige innere Stimme hören und dem Weg folgen, der in uns angelegt ist.

4.4 Die Arbeit mit dem inneren Kind

Ein Aspekt, den ich im Kontext der Traumarbeit als wesentlich empfinde, ist die Arbeit mit dem inneren Kind. Warum fühlen wir uns manchmal so klein und machen nicht das, was unserem Selbst entspringt? Warum eifern wir anderen nach und empfinden das, was wir selbst sind bzw. machen wollen, als falsch? Warum lassen wir uns durch das Umfeld so stark beeinflussen und gehen als Jugendlicher oder Erwachsener nicht unseren eigenen Weg? Warum bleiben wir bei unserem Partner oder gehen immer wieder zurück, obwohl die Beziehung, die Liebe schon längst gestorben ist? Warum machen wir unseren Job, obwohl wir uns am Sonntagabend schon auf das nächste Wochenende freuen? Warum treffen wir uns immer wieder mit dieser einen Freundin, die uns immer nur mental ausbeutet und niemals zuhört? Warum reagieren wir in bestimmten Situationen immer wieder nach demselben Muster, sind unsicher, verängstigt, verzweifelt oder reagieren beleidigt, obwohl wir die Situation als Erwachsener souverän meistern könnten? Lieber Leser, finden Sie sich in einer der Fragen wieder?

Oft liegen die Antworten auf diese Fragen in der Kindheit. Die Schatten der Kindheit lassen uns in bestimmten Situationen immer wieder als Kind reagieren. Ursula Nuber (Nuber, 2012) schreibt, dass subtile seelische, nicht sichtbare Verletzungen tiefe Löcher graben und unter Umständen einen Menschen ein Leben lang blockieren und beschäftigen:

- Möglicherweise hatten Sie Eltern, die kontinuierlich Angst um Sie hatten und Sie in all Ihren Schritten kontrollierten, sodass Sie als Erwachsener ständig Angst haben, Ihr Leben nicht alleine meistern zu können.
- Vielleicht waren Ihre Eltern beruflich oder in irgendeiner anderen Form sehr eingespannt und selten zu Hause, sodass sie sich nicht angemessen um Sie kümmern konnten. Womöglich ist dadurch eine tiefe Angst vor Nähe entstanden.
- Vielleicht ist es in Ihrer Familie immer ungerecht zugegangen, sodass eines Ihrer Geschwister immer vorgezogen wurde. Möglicherweise ist so das Gefühl, nicht geliebt zu werden entstanden.
- Vielleicht wurden Sie regelrecht verwöhnt. Es wurde sich um Sie übermäßig gekümmert und Ihnen wurden viele Aufgaben abgenommen. Für Sie als Kind war es

sicherlich das Paradies. Als Erwachsener jedoch haben Sie vielleicht Schwierigkeiten, Grenzen zu akzeptieren und auf die Bedürfnisse anderer einzugehen oder wissen nicht, was gut für Sie ist.

- Möglicherweise haben sie als Kind Eltern oder ein Elternteil gehabt, das alkoholabhängig oder psychisch krank gewesen ist, und Ihnen dadurch wenig Aufmerksamkeit schenken konnte. Dadurch hatten Sie vielleicht als Kind das ständige Gefühl, helfen zu müssen, und ein hohes Verantwortungsgefühl gegenüber Ihren kranken Eltern. Dadurch könnten Sie als Erwachsener ein übertriebenes Verantwortungsgefühl entwickelt haben, reagieren unsicher auf Veränderungen und nehmen alles sehr ernst, was in Ihrem Leben passiert.

Ursula Nuber schlüsselt die kindlichen Dispositionen noch weiter auf. Die eben genannten Beispiele vermitteln einen Eindruck, aus welchen Gründen Erwachsene nicht ihr eigenes Leben leben und weit von ihrem Selbst entfernt durch die Welt *irren* oder versuchen, ihr Leben an dem anderer zu orientieren. Die sogenannten Ausweichmanöver, die in der früheren Kindheit nützlich waren, z. B. das Unterdrücken der eigenen Bedürfnisse, um von den Eltern gesehen zu werden, sind für uns als Erwachsene schädlich. Als Kind benötigten wir eine Orientierung, egal ob diese mit positiven oder negativen Erlebnissen verknüpft waren. Liebevolle Zuwendungen und

Lichtgespenster

Erlebnisse, die unsere Erinnerungen mit einen positiven Gefühl verbinden, bereichern unser Leben. Fehlende liebevolle Zuwendungen, Vernachlässigungen, Ignoranz, Missachtung, Überbehütungen und Misshandlungen hinterlassen belastende Erinnerungen und Gefühle. Die Auswirkungen im Erwachsenenleben können sich in einem *orientierungslosen Durchwandern* unseres Lebens äußern. Wir wissen nicht, was für uns der richtige Weg ist. Es herrscht große Unsicherheit bezüglich der eigenen Identität. Oft spüren wir unseren eigenen Wert nicht und müssen immer wieder Bestätigung von außen holen. Der Umgang mit Menschen beeinflusst unser Leben stark: fühlen wir uns gut mit ihnen oder begegnen wir ihnen misstrauisch und vorsichtig? Ursula Nuber schreibt: „Gleichgültig, wie viel Einfluss Sie selbst ihrer Kindheit auf aktuelles Leben einräumen – in Ihren frühen Jahren liegen die Antworten auf viele Fragen.“

Vermeidungsstrategien und psychosomatische Schmerzen können die Folge tiefgreifender negativer Erfahrungen in der Kindheit sein. Diese kindlichen Erfahrungen entfernen uns von unserem Wesenskern, unserem Selbst. Träume können als *nächtliche Therapeuten* auch zur Heilung des inneren Kindes einen wichtigen Beitrag leisten.

Die Verletzungen, die uns im Laufe unseres Lebens widerfahren, manifestieren sich im *inneren Kind*. Die Heilung des inneren Kindes setzt die Erkenntnis voraus, dass solche Verletzungen stattgefunden und einen Einfluss auf unser aktuelles Leben haben. Daran schließt die Aufarbeitung,

Akzeptanz und Integration an, dass wir nicht ändern können, was vergangen ist. Die liebevolle Annahme von uns selbst ist sehr wichtig. Die Heilung kann auf verschiedene Weise erfolgen: durch tiefe Selbsterkenntnis und Veränderungen des eigenen Lebens, psychotherapeutische Begleitung oder durch ein liebevolles soziales Umfeld.

Oft ist es ein tiefgreifender Einschnitt in unserem Leben, der uns zu den Fragen führt: „Wer bin ich?" „Wie bin ich?" Gefangen im Alltag glauben wir vielleicht an das, was wir tun. Wir schmücken uns eine Wahrheit über die Art wie wir leben, unsere Arbeit, unsere Beziehungen zurecht und leben danach. Körperliche Schmerzen und andere Warnungen werden eine Zeit lang ignoriert, vielleicht symptomatisch behandelt, bis das Leben uns durch Krankheiten oder andere Einschränkungen einen Hinweis gibt, unser Leben zu ändern. Wenn wir die Art und Weise verändern, wie wir die Dinge betrachten, werden sich diese Dinge verändern, sagt Wayne Dyer, ein US-amerikanischer Psychologe, Autor und Redner zu Fragen der Selbstfindung und Selbstverwirklichung. Erst dann lassen wir Veränderungen in unserem Leben zu.

Wie oben ausgeführt, werden wir kritisiert, gelobt, beurteilt, bestraft, ermutigt. Was auch immer wir hören, verfestigt sich als Überzeugung, als sogenannter Glaubenssatz in uns: Das bin ich, eine Heulsuse, ein dumme Ziege, eine Träumerin, ein Scheusal, ein Biest und viele andere unangebrachte Bezeichnungen, die sich tief in uns eingraben. Diese Glaubenssätze steuern uns und führen uns zu Verhalten, das

oft nach einem bestimmten Muster abläuft. Sie halten uns davon ab, wirklich glücklich zu sein, sich auf einen Partner wirklich einzulassen, Entscheidungen zu treffen, Aufgaben zu beginnen und zu beenden oder sie machen uns dem Leben und Menschen gegenüber schüchtern.
Diese Gedanken haben einen großen Einfluss auf unsere Gefühle und steuern dadurch unser Verhalten. Es entsteht ein unbewusstes Verhalten, ein Muster, nach dem wir immer wieder agieren. In unserem Kopf führen wir kontinuierlich Selbstgespräche, die oft negativ sind. Wahrscheinlich sagen sie uns, wie unfähig wir sind, das Leben zu meistern. In diesen Momenten spricht das innere Kind zu uns. Wir können diese Stimmen aber als Lügner entlarven, indem wir anfangen, unseren Gedanken zuzuhören. Wir können vom „Ich bin nicht liebenswert" zu einem „Ich fühle mich gerade nicht liebenswert" kommen. Dadurch fangen wir an, uns von der negativen Selbstidentifizierung zu entfernen. Wir stellen fest, dass wir nach ständiger Bestätigung für unsere Glaubenssätze suchen. Das heißt, auf Basis unserer Glaubenssätze nehmen wir Situationen im Außen nur selektiv war. Glauben wir beispielsweise, dass uns sowieso keiner mag, suchen wir ständig nach Bestätigung dafür, dass dieser Glaubenssatz stimmt. Wir nehmen das Positive nicht wahr, es entzieht sich unserer Aufmerksamkeit. Zum anderen fallen wir in einen Wiederholungszwang. In ähnlichen Situationen graben wir in einem Fundus von Erinnerungen nach gleichartigen Erfahrungen und lassen uns dann von diesen leiten. Wenn wir

glauben, ich werde sowieso wieder von meinem Partner verlassen, dann verhalten wir uns oft nach einem Muster, das ein Verlassen werden wahrscheinlich macht. Daraus wird ersichtlich, das wir alternative Erfahrungen und alternative positive Bewältigungsstrategien benötigen, um dem Muster zu entfliehen. Alternative Erfahrungen machen wir, wenn auf eine Situation, die wiederholt eine negative Bestätigung bekommen hat, eine andere Reaktion erfolgt. Wenn wir beispielsweise gelernt haben, dass wir immer alles schnell machen müssen, abwaschen, saugen, einkaufen etc., und dafür bestraft worden sind, wenn es für unsere Eltern nicht schnell genug ging, dann kann uns eine positive Reaktion einer anderen Person zu einem Überdenken des Glaubenssatzes „Ich muss immer schnell sein“ führen. Lässt die Person uns einfach machen und gibt uns so viel Zeit, wie wir eben brauchen, entsteht bei uns ein anderer Blick auf die Situation. Das kann bei uns zu einem anderen Verhalten führen. Wir müssen also unsere Glaubenssätze erkennen und nach Belegen suchen, die unsere Glaubenssätze nicht mehr bestätigen.

Die Heilung des inneren Kindes kann durch Traumarbeit unterstützt werden. Träume fungieren als Schiedsrichter, der uns aufzeigt, dass wir nicht mehr auf dem eigenen Lebensweg sind. Sie spiegeln uns die gegenwärtige Situation und zeigen uns Alternativen. Warnungen werden symbolisch ausgesprochen, Wegweiser werden gesetzt oder das aktuelle Leben wird infrage gestellt. Träume sind die liebevollen

Lichtgespenster

Begleiter unserer Seele, die Sie an die Hand nehmen und in ein besseres, in *Ihr* Leben führen können.

5 Das Innere – die Träume, die Sprache der Seele

5.1 Einleitung

Alle Träume, die Sie auf den folgenden Seiten lesen, wurden wirklich geträumt. Seit ihrem 13. Lebensjahr schreibt Ariane Tagebuch. Als sie 2007 das erste Mal wegen erster Anzeichen eines Erschöpfungszustandes in die Psychotherapie ging, intensivierte sie ihre Aufzeichnung. Es wurden EMDR und Traumtherapie als therapeutische Verfahren angewendet. Seit dieser Zeit hat Ariane das tägliche Geschehen, ihre Gedanken, Gefühle, die Themen aus den Therapiestunden und die nächtlichen Träume aufgeschrieben.

Sie werden durch dieses Buch einen tiefen Einblick in den Ablauf eines Burnouts bekommen, das als Beispiel für viele Menschen in ähnlichen Situationen steht. Durch die chronologische Abfolge der Träume möchte ich Ihnen verdeutlichen, in welcher Klarheit Träume jedem Menschen den Weg weisen können. Ich zeige Ihnen, wie Träume das äußere Geschehen symbolisiert darstellen. So erhalten Sie einen Einblick in Ihre Innenwelt: so wie innen, so auch außen.

Des Weiteren ist es mir wichtig, Ihnen aufzuzeigen, dass viele Träume erst später ihre Bedeutung gewinnen und warum das so ist. Sie lesen einzelne Träume, die jeweils einen Teilausschnitt aus dem aktuellen Leben ansprechen, aber auch über den gesamten Zeitraum von drei Jahren eine Geschichte erzählen.

Lichtgespenster

Nächtliche Träume stehen erst einmal für sich alleine – mit einer ganz bestimmten Bedeutung. Beobachtet man Träume über einen längeren Zeitraum, so formen sie sich zu einer Geschichte – zu der eigenen symbolischen Lebensgeschichte *(siehe Kapitel 4)*.

Neben den Träumen und ihrem Realitätsbezug finden Sie die jeweilige Interpretation von Symbolen aus den Träumen, wie sie in Bezug auf Arianes Leben zu verstehen sind. Um die Lesbarkeit dieser Geschichte zu gewährleisten, finden sie wesentliche Symbole im Text und als Wiederholung am Ende dieses Buches. Alle Namen in diesem Abschnitt sind geändert, weil es reale Menschen sind, durch die diese Träume erst Wirklichkeit geworden sind und die ein Teil von Arianes Lebens sind bzw. waren. Da Träume immer auf die Tagesgeschehnisse zurückgreifen, Situationen und Menschen einbinden, die auch symbolischen Veränderungen unterliegen, haben diese Menschen geholfen Arianes Träume zu träumen.

Nicht immer wusste Ariane, welche Bedeutung der Traum im Ganzen für ihr Leben hatte – auch heute noch nicht. Alle Träume haben eine Überschrift, die das Markante in ihnen symbolisiert und markiert, um welches Lebensthema es gerade geht. Die Interpretation der Träume erhebt keinen Anspruch auf Vollständigkeit, sondern fokussiert auf das Wesentliche für diesen Lebenszeitraum.

In Träumen sind Gefühle das Wesentliche. Gefühle sind dazu da, gefühlt zu werden. Viel zu oft jedoch unterdrücken wir diese und hoffen, endlich wieder ein gutes Gefühl zu bekommen.

Schlechte und gute Gefühle haben beide ihre Berechtigung. Wir leben unsere Glücksgefühle aus. Wir jagen nach dem nächsten Höhepunkt im Leben, um glücklich zu sein und lassen diese Gefühlsintensität durch unseren Körper gleiten. Vermeintlich schlechte Gefühle werden unterdrückt, beiseitegeschoben, wir lenken uns davon ab. Wir möchten sie nicht spüren und lassen sie nicht durch den Körper strömen. Das Polargesetzt besagt: Da, wo plus ist, ist auch minus. Da, wo das Gute ist, ist auch das Böse. Ich bin der Meinung, dass wir alle auf die Welt gekommen sind, um *alle* Gefühle zu leben und zu erfahren. Wir wollen diese Gefühle erleben und uns durch sie weiterentwickeln.

Ariane erlitt einen Erschöpfungszustand und 2011 den Risikozustand *Burnout*, weil sie nur noch funktionierte. Sie hatte ihre Gefühle schon lange abgestellt, sie hatte nicht *ihr* Leben gelebt.

Der hier dargestellte Auszug aus Arianes Leben zeigt, wie intensiv Arianes Seele mit ihr gesprochen hat und ihr immer wieder auf verschiedenste Weise mitgeteilt hat: „Du lebst nicht *dein* Leben." Ariane verstand es damals nicht. Ihre Freunde, Kinder, Arbeitskollegen, Eltern und Geschwister haben ihr diese Tatsache immer wieder vor Augen geführt. Sie wollte und konnte nicht hinsehen und hat es verdrängt.

„Träume sehr vieler zivilisierter Menschen kreisen um das Thema der Wiederherstellung des Kontaktes mit dem Unbewussten und seinem Kern, dem Selbst oder auch Wesenskern", sagte Jung in „Der Mensch und seine Symbole"

(Jung, 1999). Jeder Mensch ist etwas Besonderes. Das Leben ist dazu da, diese Vielfältigkeit an Besonderheiten zu kombinieren und zu leben. Viel zu oft passen wir uns an oder meinen, wie andere sein zu müssen, die wahrscheinlich auch wie andere sein wollen. Die Individuation sieht vor, zu unserem Lebenskern zurückzufinden bzw. ihn in uns zu finden und diese wunderbare Kombination aus Persönlichkeitsanteilen an die Menschheit weiterzugeben.
Die folgenden Träume sind aus Sicht von Ariane in der Ich-Form geschrieben. So können Sie sich besser mit Arianes Geschichte und ihren Träumen identifizieren, sodass auch bei Ihnen wieder vermehrt Träume auftreten können.
Ariane schrieb die Träume so nieder, wie sie diese träumte und sich erinnerte. Damit wir wieder träumen können, ist es wesentlich, dass wir uns mit Träumen beschäftigen. Durch das Lesen von Arianes Träumen und den Einblick in ihren Individuationsprozess werden auch Sie wieder anfangen zu träumen bzw. wieder regelmäßiger träumen. Ich verspreche es Ihnen. Erinnern Sie sich: Träume haben eine symbolische Kraft! Ich empfehle Ihnen, vor der Beschäftigung mit den folgenden Kapiteln ein Tagebuch zu kaufen, in dem Sie Ihre Träume aufschreiben. Fangen wir an, Arianes Spur aufzunehmen, um die Ihre zu finden.

5.2 2007: Leben oder funktionieren?

Dienstag, den 20. Februar 2007: Statustraum: Warteraum

Zurzeit wohne ich in einer Raucher-WG, stehe in einem Zimmer und schaue hinaus auf den überdachten Balkon. Auf dem Balkon steht eine Wohnzimmereinrichtung, die im Wesentlichen aus einem alten braunen Ledersofa besteht. Die Rückenlehne ist an der oberen Kante beschädigt und ausgefranst. Sie steht mit der Rückwand an der Balkonwand. Die Umgebung außerhalb des Balkons kann ich nicht erkennen. Vor dem Sofa steht ein Tisch, auf dem ich einen schwarzen Aschenbecher vollgefüllt mit Kippen und Asche sehe. Eine mir unbekannte Person raucht.

In dem runden Flur, der die Zimmer miteinander verbindet, finde ich eine gelbe Liste mit Namen. Jedem Namen sind Hausarbeiten zugeordnet und mit einem Smiley gekennzeichnet. Auf dem Boden liegen Krümel. Von dem runden Flur aus gehen mehrere helle hölzerne Türen ab. Ich wollte schnell aus dieser Raucher-WG ausziehen.

- Balkon = Was möchte ich von einem sicheren Punkt aus beobachten?
- Zimmer = zeigt den Zustand der eigenen Persönlichkeit
- Tür = Bewegung heraus aus einem Bereich hinein in einen anderen
- Verschlossene Tür = Ich schaffe mir selbst Hinweise
- Rauch, Zigarettenrauch = Was ist verborgen, vernebelt?

Lichtgespenster

Ende 2007 promoviert Ariane; für sie eine Meisterleistung, da sie die Erste in ihrer Familie ist, die jetzt einen Doktortitel trägt. Im Rückblick sind die letzten Jahre eine wunderbare Zeit, in der sie nicht nur sehr viele Menschen betreut und kennengelernt hat, sondern auch Kinder geboren hat. Jetzt, zum Ende der Promotion, möchten ihr Lebenspartner und sie ein Haus bauen. Die Freude darüber ist groß, weil endlich das in Erfüllung gehen wird, von dem sie ihr Leben lang geträumt hat: ein Zuhause für sie und ihre Familie. Jedenfalls denkt Ariane, dass ein Haus dazu beitrage, glücklicher zu werden. Die Beziehung zu ihrem Lebenspartner ist schon eine ganze Zeit lang in einer Krise. Zwischen den vielen Alltagsroutinen fiel es bisher unwesentlich auf; es wird aber lauter.

In der Stille fühlt sich Ariane oft unruhig; diese Unruhe breitet sich in ihrem Körper aus. Die Gedanken sind vernebelt, fokussiert auf das Äußere, nämlich den Abschluss ihrer Promotion und jetzt neu, den Hausbau. Strukturiert plant sie jeden ihrer nächsten Schritte: den Tagesablauf mit ihrer Familie, das Schreiben an der Dissertation, den Hausbau, die Finanzierung. Strukturierung gibt ihr Halt und Kraft für den Tag. Aber wie geht es nach der Dissertation beruflich weiter, welche neue Aufgabe kommt auf sie zu? Der tägliche Ablauf ändert sich, weil sich das berufliche Umfeld ändern wir: von der Universität hin in ein Unternehmen. Wie kann sie diese Veränderung verarbeiten, die bisher von der unbefriedigenden Situation mit ihren Lebenspartner ablenkt?

Neben diesen eigenen Schauplätzen gibt es weitere, die sich nicht wie Teil des eigenen Lebens anfühlen, sondern fremd sind. Es gibt viele Türen, durch die Ariane gehen kann, bei keiner weiß sie, was sich dahinter verbirgt. Alle sind noch geschlossen, es scheint unmöglich, die favorisierte Tür zu wählen. Deswegen bleibt sie innerlich stehen und verharrt erst einmal in dieser Situation. Eine Entscheidung ist ihr nicht möglich.

Die selbst auferlegte Struktur macht wirkliches Leben unmöglich. Arianes Lebendigkeit ist verloren gegangen und die klare Sicht auf das eigene Leben durch einen Schleier vernebelt. Sie stellt sich Fragen: Was kommt nach dem Hausbau, welches nächste Projekt kann danach begonnen werden, um vom wahren Leben abzulenken? Der Fokus liegt auf der Zukunft, Ariane ist weniger auf das Hier und Jetzt konzentriert. Der Weg, der zu einem inneren Dialog führt, ist versperrt und wird durch geschlossene Türen symbolisiert. Bewegungslosigkeit im Leben stellt sich ein. Der Blick auf die Türen zeigt: Viele neue Wege werden angeboten. Es ist aber noch nicht an der Zeit, sich zu entscheiden. Alle Türen sind noch verschlossen.

Dienstag, den 06. März 2007: Inneres Kind

Meine Freundin Ires ist Erzieherin und liest in einem Kinderbuch. Dabei verhält sie sich klein, kindisch, unbeholfen, ungeschickt, so als sei sie selbst ein zweijähriges Kind. Sie blättert unbeholfen in dem Buch.

Lichtgespenster

Dann wechselt die Szene und ich sehe Heinrich – im wirklichen Leben Iris aktueller Freund. Er saugt den Teppichboden mit zwei runden, sehr dünnen und langen Metallstäben. Die Metallstäbe sind im 90-Grad-Winkel abgeknickt.

- Freundin = symbolisiert einen Teil von mir, der integriert werden möchte
- Buch = Was versuche ich herauszufinden?
- Gabel mit zwei Enden = Bifurkationspunkt; Es gibt zwei Möglichkeiten, entweder das System bricht auseinander oder es schafft es, sich zu regenerieren

Entscheidungen zu treffen, fällt Ariane zu dieser Zeit sehr schwer. Gerne überlässt sie die Verantwortung für Entscheidungen ihrem Lebenspartner. Manchmal reicht es ihr auch schon aus, eine Entscheidung zu treffen und sie mitzuteilen, sodass sie für das Ergebnis irgendwie nicht alleine verantwortlich ist. Sie verhält sich in vielen Situationen kindlich und entzieht sich der Verantwortung. Fleißig sucht sie weiter in der äußeren Welt, um das auszugleichen, was ihr im Inneren fehlt. Die kindlichen Sehnsüchte sollen erfüllt werden.

Den Tagesablauf und ihr Leben plant sie sorgfältig. Jede Unruhe im täglichen Ablauf, jede Störung macht Ariane wütend, sie fühlt Aggressionen. Ariane ist an einem Punkt angelangt, an dem es zwei Möglichkeiten gibt, entweder die gesamte Struktur bricht auseinander und damit auch ihre

Partnerschaft oder die Struktur und damit auch ihre Partnerschaft regenerieren sich wieder.

Samstag, den 07. April 2007: Erwartung und Hoffnung an die Zukunft
Mein zweijähriger Sohn fährt auf einer Straße mit seinem Bobbycar den vor ihm liegenden Berg hinunter. Rechts und links neben der Straße verlaufen Fußwege entlang mehrerer Hochhäuser. Alles ist grau. Mein Sohn rollt und rollt mit dem Bobbycar und ich laufe hinterher, aber ich kann ihn nicht einholen. Verzweiflung, ihm nicht helfen zu können, und Angst, dass ihm etwas passiert, begleiten mich. Der Abstand zwischen ihm und mir vergrößert sich. Als er unten ankommt, fährt er links auf den Gehweg, auf dem Menschen stehen. Meinem Sohn ist nichts passiert, ich bin erleichtert. Als ich selbst unten ankomme, sehe ich das Heck eines weißen Sprinters. Auf der rechten Seite steht eine Frau mit Fahrradhelm und beobachtet die ganze Szene. Es ist unheimlich.

- Sohn = symbolisiert die Hoffnungen und Erwartung für eine neue Zukunft
- Bergab = Angst vor Kontrollverlust; Situation nicht in der eigenen Hand haben

Ariane lebt im Hier und Jetzt, ist aber auf die Zukunft fokussiert, in die sie viel Erwartungen und Hoffnung setzt. Sie hofft, dass nach all der Bewältigung ihrer Aufgaben das Leben ruhiger wird, friedlicher. Das Leben wird sich dann zum Positiven ändern; sei es, dass sie selbst wieder zur Ruhe kommt oder sich ihre familiäre Situation bessert. Ariane hofft, dass die Liebe wieder Hauptbestandteil in ihrem Leben wird. Sie empfindet aber auch Angst und Verzweiflung, es könne anders kommen und ihre Erwartungen sowie die Hoffnung auf ein lebenswerteres Leben würden nicht erfüllt.

Die Farbe Arianes aktuellen Lebens ist grau. Anscheinend beobachtet sie ihr Leben von außen, ist handlungsunfähig, verzweifelt und hat Angst. Woher die Angst kommt, weiß sie nicht.

Nach ihrem Gefühl in den Träumen und dem, was sichtbar wird, geht es bergab. Die Anspannung wird größer. Jeden Tag Freiraum für sich selbst zu schaffen, ist anstrengend. Alles ist ein Kampf. Arianes Leben ist ein Kampf, so, wie sie es schon seit ihrer Kindheit kennt.

Donnerstag, den 19. April 2007: Die Reise geht los

Der Bus hält vor mir und ich versuche, hinten einzusteigen. Die Türen öffnen sich zu einem Drittel, indem sie nach links und rechts wegklappen. Um in den Bus zu steigen, fasse ich links und rechts an die Griffe innerhalb des Busses und versuche, mich hochzuziehen, schaffe es aber nicht, weil die Stufen zu hoch sind. Mein Blick geht nach vorn zum Busanfang. Der Bus ist unendlich lang und grau, ein älteres Modell aus den 70er-Jahren. Ich lasse die Griffe los und gehe nach vorn, um erneut in den Bus einzusteigen. Die Türen sind weit geöffnet, die

Stufen sind genau wie beim hinteren Einstieg ganz oben. Ich schaffe es aber, mich hochzuziehen und stehe dann dem schmierigen Busfahrer gegenüber. Er ist dick, sitzt hinter einem riesigen, runden Lenkrad, welches aussieht wie ein Mercedesstern. Beim Vorbeigehen schaue ich ihn kurz an, setze mich auf einen beliebigen Platz und schaue aus dem Fenster. Es wird eine lange Fahrt werden und ich ärgere mich, dass ich meinen IPod-Nano nicht dabei habe. Gedanklich sehe ich ihn ganz unten in meiner Tasche.

Es kommen weitere Fahrgäste dazu. Es sind Schüler aus meinem Abi-Jahrgang von 1987. Mir fallen die schlauen Mathematikschüler auf: Horst, Ralf, Sören. Ein anderer Junge hat eine kleine Plastikflasche mit einer braunen Flüssigkeit in der Hand und drückt die Spitze der Flasche in eine kleine Öffnung an der Rückenlehne eines Sitzes. Ich sitze auf einem Platz hinter ihm und sehe, wie die Spitze das Futter auf der anderen Seite nach oben drückt und die Flüssigkeit langsam den Sitz herunterläuft. Ich sage zu dem Jungen: „Na super.“

Plötzlich sitzt Ilka rechts vor mir im Sitz. Sie ist mir zugewandt, kichert und suhlt sich dabei im Sitz. Ilka sagt zu mir: „Du bist ja sowieso dauernd verliebt gewesen.“ Mehr sagt sie nicht. Mir ist das sehr unangenehm und ich weiß gar nicht, was ich antworten soll. „Du warst aber auch nicht ohne“, antworte ich unbeholfen und ohne dafür irgendeine Situation oder Begründung im Kopf zu haben. Während dieser gesamten Situation vermeide ich es bewusst, Horst anzusehen.

- Bus = gemeinsame Reise; wesentlich sind die Menschen, die mitreisen und der Zustand des Busses
- Abi-Jahrgang = zeigt den Übergang in einen neuen Lebensabschnitt
- Mitschüler = Hier sind die individuellen Eigenschaften der Person wesentlich

Der Traum spiegelt Arianes damalige Situation wider. Ähnlich wie in ihrer Vergangenheit befindet sie sich an einer Schwellensituation. Arianes erster Versuch, das Abitur zu machen, scheiterte. Trotz täglicher Bemühungen und intensiven Lernens war sie damals emotional so stark abgelenkt, dass sie sich oft nicht konzentrieren konnte. Auch damals versuchte sie, die häuslichen Unstimmigkeiten mit ihren Eltern durch eine gute Miene auszugleichen, sich nur auf die Struktur um sich herum zu konzentrieren, sich mit Arbeit zu überhäufen und irgendwie ihr Leben abzuarbeiten. Der Streit und die vielen Unruhen im Elternhaus, der Alkoholismus ihres Vaters und die daraus folgende Aggressivität gegenüber jedem Familienmitglied ließ ein Leben, so wie sie sich das in ihren Träumen immer vorstellte, nicht zu.
Zur Zeit des Traumes befindet sich Ariane in einer emotional ähnlichen Situation: Sie hat Angst, die vielen Aufgaben nicht zu bewältigen, das Leben nicht zu bestehen. Die Frage, was als Nächstes kommt, begleitet sie beständig. Als Kind auf der Realschule bereitete sie sich auf das Gymnasium vor, im

Gymnasium auf die Universität, in der Universität auf ihren Beruf. Aber was kommt dann? Welche Leistung kann sie noch erbringen? Welches berufliche Ziel kann sie noch anstreben, um den Halt im Leben nicht zu verlieren?
Ariane lebt als Opfer und bewertet ihre Handlungen immer so, als habe sie etwas falsch gemacht. Sie ist bezüglich ihres weiteren Lebensweges verunsichert. Sie empfindet oft, nicht richtig zu sein, am falschen Platz zu sein. Die Verunsicherung führt häufig dazu, dass sie sich ein Ja für ihre Entscheidungen von anderen Menschen abholen muss. Damit hat sie dann das Gefühl, es *richtig* zu machen.
Verbale Angriffe, die irgendwo ihre Wahrheit haben und den Kern von etwas in ihr treffen, führen bei ihr zu einer Ohnmacht – ohne Macht eine klare Antwort zu geben, sich zu wehren, für sich einzustehen oder diese Angriffe einfach stehenzulassen und sich nicht davon berühren zu lassen. Der Satz: „Du bist ja sowieso dauernd verliebt gewesen“ hat sie auf irgendeiner tieferen Ebene verletzt. Aber was ist es, was sie so hart getroffen hat, was ist daran so schlimm, ständig verliebt zu sein?
Ariane hat oft Lust auf Neues. Sie probiert viel aus und ist dadurch irgendwie rastlos. Ariane ist sehr unsicher und kommuniziert dies auch, sie holt sich dadurch bei anderen Personen ein Richtig oder Falsch für ihre Handlungen und Entscheidungen ein. Viele Ideen, die sie hat und in die Welt streut, sollen die Aufmerksamkeit auf sie lenken. Die Ideen sollen nicht unbedingt umgesetzt werden.

Lichtgespenster

Samstag, den 26. Mai 2007: Meine innere Barriere

Die Wohnungen in dem Mehrfamilienhaus, in dem ich wohne, sind durch Glaswände voneinander getrennt. Von meinem Wohnzimmer aus kann ich hoch in die anderen Wohnungen sehen. Schräg über mir steht ein fremder Mann bekleidet mit einem weißen Hemd und einer dunklen Hose. Der Mann schaute aus dem Fenster, geht dabei hin und her und unterhält sich mit jemanden, den ich nicht sehen kann. Meine Mutter besucht mich und bringt einen Käsekuchen mit. Sie stellt ihn auf den Tisch und nimmt den Deckel von der Form ab. Der Kuchen ist bereits angeschnitten, milchig gelb und auf seiner Oberfläche liegen Krümel.

- Glaswand = unsichtbare Barriere
- Kuchen = Mutterkuchen, angeschnitten; Lebenspuffer in Zeiten schwerer Trennung
- *Unbekannter Mann = Animus, der männliche Anteil in mir*

Ariane empfindet ihren Körper schon seit vielen Jahren als zweigeteilt. Die rechte Körperhälfte ist stark und kräftig, die linke weich, feinfühlig, kindlich, sehr weiblich. Innerlich fühlt sich das wie eine Trennung an, so als könnten links und rechts nicht miteinander kommunizieren. Je nach Situation *prescht* die rechte Seite vor und die linke zieht sich zurück. Zu keiner Seite steht Ariane in enger Verbindung, beide Körperhälften sind durch eine unsichtbare Barriere voneinander getrennt. Die männlichen, starken, rationalen Eigenschaften sind in jeder Person vorhanden, es ist nicht immer leicht, zu ihnen zu stehen. Ariane fehlt oft die Durchsetzungskraft und die Stärke, zu sich selbst zu stehen. Manchmal gibt sie in Auseinandersetzungen des Friedens wegen nach.

Die aktuelle Liebesbeziehung zwischen ihr und ihrem Partner ist nicht mehr das ehrliche und liebevolle Verhältnis, das es in den Anfangszeiten war. Es hat sich drastisch geändert. Sie hat Angst davor, sich zu trennen. Ariane verfügt über keinen inneren Puffer, der ihr den Halt und die Sicherheit gibt, den sie benötigt, um die Trennung durchzuhalten. Unsicherheit und mangelndes Vertrauen begleiten sie. Der Schritt in ein neues Leben und das Verlassen der gewohnten Umgebung scheinen Ariane unmöglich.

Sonntag, den 03. Juni 2007: Innere Unsicherheit

Das Badezimmer ist sehr sauber, die Badewanne, das Waschbecken, der darüber hängende Spiegel, alles blitzt. Ich sitze auf der Toilette und bin komplett verhüllt. Um den Hals trage ich einen Schal, meine Körperformen sind kaum zu erkennen. Durch einen schmalen Spalt schaue ich auf eine Ecke, in der kleine schwarze Fliesen befestigt sind.

Vor mir auf der Badewanne sitzen sehr viele mir unbekannte Menschen, die sich miteinander unterhalten. Die Badezimmertür geht auf und es kommt eine Kollegin aus der Universität herein. Sie hat ein sehr rotes Gesicht und lacht. Ihre gesamte Haltung und ihr Aussehen drücken starke Unsicherheit aus.

Das Bedürfnis nach Säuberung und Veränderung in Arianes Leben nimmt immer stärkere Formen an. Die Unsicherheit, die sie in sich trägt, verhüllt sie. Das Leben bringt sie oft in Situationen, in denen sie diese Unsicherheit stark spürt, z. B. in Fachgesprächen über ihre Doktorarbeit oder in *Verteidigungsgesprächen* darüber, warum sie bestimmte Dinge auf die eine und nicht die andere Art gemacht hat, im Beruflichen wie auch im Privaten. Die Unsicherheit strahlt sie aus und versucht sie gleichzeitig zu verstecken.

Dienstag, den 05. Juni 2007: Klassentreffen, Schwellensituation

In dem Klassenzimmer stehen dicht aneinandergereiht Tische in einem großen Kreis. Die Menschen in dem Raum sind meine Klassenkameraden aus dem Abiturjahrgang 1987. Einige sitzen an den Tischen und warten. Ein großer Teil der Schulkameraden wandert in zwei entgegengesetzt laufenden langen Schlangen um den Tischkreis. Dabei umarmen sich diejenigen, die sich kennen. Ich denke: „Hoffentlich kenne ich auch jemanden." Ich halte Ausschau nach Horst, einem Schulkameraden, mit dem ich öfter zur Schule ging und in den ich mich damals verliebt hatte. Horst ist aber nicht anwesend. Ich sehe andere Männer an, Burkhard und einen fremden

Jungen, den ich nicht kenne: groß, schlank, dunkle Haare, braune Augen, sehr attraktiv und anziehend.

Karoline kommt mir entgegen. Karoline war schon immer sehr sportlich, hat viel Leichtathletik gemacht. Sie hat auffallend blonde Haare, die sich zu einem Pagenschnitt formen. Ich denke an Prinz Eisenherz und muss innerlich lachen. Auf der rechten Seite trägt sie eine schlichte Haarspange. „Hey, schön dich zu sehen. Neue Haarfarbe, lass mich raten, welche Haarfarbe sich darunter befindet.“ Ich nenne eine, die sie verneint. „Auch blond“, antwortet sie. Die Tür vom Klassenzimmer ist geöffnet.

Wir haben unsere Abschlussarbeiten mit Note bekommen. Ich habe eine 5.0 geschrieben und bin durch das Abitur gefallen.

Ich gehe weiter um die Tische und umschlinge dabei einen braunen DIN-A4-Umschlag eng mit meinen Armen. An der schmalen Seite ist der Umschlag aufgerissen. Die Ränder sind zerfetzt, innen ist der Umschlag dunkel. Ich denke: „Der Umschlag gehört mir nicht, ich muss Martina finden und ihn ihr geben.“ Als ich sie sehe, gebe ich ihr den Umschlag und bin sehr erleichtert. Martina ist die Klassenbeste und sieht dazu noch gut aus.

Draußen vor dem Klassenzimmer treffe ich auf meine Exchefin, Frau Meier, bei der ich meine Ausbildung gemacht habe. Vor ihr sitzt ein selbstgenähter Hase mit einem grünen Oberteil auf einem Stuhl, sie hatte ihn mir als Abschiedsgeschenk zur bestandenen Prüfung geschenkt. Plötzlich hat meine Exchefin die Puppe meiner Tochter in der Hand, die ebenfalls ein grünes

T-Shirt trägt und die sie breitbeinig in den Schoß des Hasen setzt. „Schau mal, ich habe ihr das gleiche T-Shirt genäht wie dem Hasen.“ Die Puppe ist blond, hat einen Zopf und große runde Augen.

- Klassentreffen = Schwellensituation
- Blond = Reinheit, Naivität, kindlich
- Hase = innere Feigheit, etwas zu ändern
- Puppe = Verpuppung, Verharren, kindlich
- Kreisen = um ein Problem kreisen, keine Lösung finden
- Spange im Haar = Spange bändigt die Gedankenwelt

Schwellensituationen verfolgen Ariane regelmäßig in ihren Träumen, als wolle ihr die Seele mitteilen: „Schau mal, das Thema hattest du schon vor Jahren, aber bisher ist es noch ungelöst.“ Aktuell steht wieder eine Veränderung für Ariane bevor, die sie nach Abschluss ihrer Promotion von der Universität zurück in ein Unternehmen führt. Auch die Beziehung zu ihrem Lebenspartner befindet sich in einer Schwellensituation. Täglich begleitet Ariane die Frage, was im Hinblick auf sie und ihren Partner zu tun ist. Anscheinend ist es eine Zeit des Umdenkens, des sich neu Entwickelns; eine Zeit, das Leben zu verändern. Eine Lösung zu finden, um die Gesamtsituation zu verbessern, fällt ihr sehr schwer. Es scheint als warte sie auf das große Wunder, das ihr zeigt, wohin sie ihr Leben führen soll. Ihre Gedanken kreisen im

Wesentlichen um zwei Themen: ihre Beziehung und ihr beruflicher Werdegang. Anstatt aber Entscheidungen zu treffen und sich dadurch weniger emotionalen Stress zu machen, verharrt sie in einer Art kindlicher Naivität und betrachtet das Leben mit großen, runden Augen. Unbeweglich verharrt sie in der aktuellen Situation, verpuppt sich und fühlt sich gleichzeitig wie ein Hase – wenig geliebt und ängstlich, etwas zu ändern. Gerne würde sie die Verantwortung für ihre Entscheidungen abgeben, um sie los zu sein.

Täglich sucht sie im Außen nach Antworten. Ihre inneren Fragen beschäftigen sich mit der Suche nach Glück und Zufriedenheit. Dabei verbindet sie Glück und innere Zufriedenheit mit einer fröhlichen *Rama-Familie*, wie sie so oft im Fernsehen zu sehen ist, mit einer liebevollen Partnerschaft, einem befriedigenden Job, einem sicheren Zuhause und lachenden Kindern. Was kann sie im Außen ändern, um sich diese Situation langfristig zu sichern?

Mittwoch, den 06. Juni 2007: Wesenskern

Auf der Empore sammeln sich Musiker. Sie haben Geigen in der Hand. Caro kommt zu mir und schenkt mir eine Sektflasche mit einer goldenen Etikettierung, auf der „Con Caro“ steht. Die Flasche ist durchsichtig. Der Sekt selbst ist goldgelb.

- Musiker = Veränderung im Leben
- Geigen = Symbol für Harmonie, die erste Geige spielen
- Sekt = innerer Widerstand

Lichtgespenster

- Gold = unvergänglich, welche Schätze bewahre ich?
- Con = italienisch: mit, mitsamt, mittels
- Caro = italienisch: lieb, liebenswert, nett, teuer, Wert

Ariane hat in der Kindheit nicht gelernt, sich mit sich selbst zu identifizieren, sie hat Halt im Außen gesucht. Sie konnte kein gesundes inneres Fundament entwickeln. Ihre von Geburt an vorhandenen unvergänglichen Eigenschaften und Werte, die in jedem Menschen vorhanden sind, sind ihr nicht bewusst. Auf die kleinen *Schätze* in ihr kann sie nicht zurückgreifen. Ihre Persönlichkeit mit all ihren Eigenschaften konnte sich nicht auf natürliche Weise entwickeln, ihr wahres Selbst ist vor den anderen Menschen verborgen. Aber es ist ganz viel da, viele *vergrabene* Persönlichkeitsanteile, die Ariane liebenswert und wertvoll machen. Es ist Zeit, die symbolische Sektflasche zu öffnen und das Leben zu feiern.

Der Traum ist vielversprechend. Ariane kennt ihre wahre Identität nicht und weiß auch nicht, wie sie darauf zugreifen soll. Eine Unsicherheit begleitet sie, denn sie hat nur gelernt, Veränderungen in ihrem Leben vorzunehmen, ohne auf ihre Wünsche zu achten. Sie hat nie gelernt, auf ihre innere Stimme zu hören und die Ergebnisse im Äußeren umzusetzen.

Donnerstag, den 07. Juni 2007: Maryann, die Kotherapeutin
In diesem Traum setze ich meine Psychotherapeutin mit Marie, aus dem Film Robin Hood, gleich. Auffallend sind ihre langen roten, gewellten Haare, die mit Tapetenkleister verklebt und zu einem Dutt gebunden sind.

- Maryann = Kotherapeutin
- Haare = eine Fülle von Gedanken

Gefühle sind die inneren Stimmen, die zu uns sprechen. Stehen wir im inneren Dialog mit uns selbst, fühlen wir dieses innere Gespräch. Plötzliche Eingebungen weisen uns den Weg. Anstatt in die Stille zu gehen und sich selbst zuzuhören, hat Ariane eine Fülle von ungeordneten, unklaren Gedanken. Unangenehme Gefühle unterdrückt sie weiterhin und konzentriert sich auf das Außen. Sie sucht die Lösung nicht in ihr selbst, sondern bei ihrer Therapeutin und ihren Worten. So muss sie sich verhalten, so ist ihr Lebensweg, so ist sie aufgewachsen, so hat sie es gelernt. Sie idealisiert ihre Therapeutin und empfindet deren Äußerungen als Fundament für das Leben.

Samstag, den 09. Juni 2007: Gefühlswellen – Zukunftstraum
Das Grundstück, auf dem ich in Fallersleben gelebt habe, besteht aus einem vorderen Teil mit einem Einfamilienhaus und einem hinteren Teil, auf dem eine Gaststätte mit einem riesigen Parkplatz steht. Die Gaststätte gehörte meiner Mutter. Meine Schwester und ich überqueren den Parkplatz der

Lichtgespenster

Gaststätte. Der Himmel ist bewölkt, dunkel und es grummelt. Plötzlich kommen riesige Flutwellen, wie ein Tsunamie über die Straße auf uns zu. Ich nehme meine Schwester an die Hand und sage ihr: „Wenn du dich seitlich zu den Wellen stellst, dann kann uns nichts passieren." Die Flutwelle kommt und flacht ab. Uns ist nichts passiert und wir rennen davon.

- Schwester = Was befürchte ich an mir selbst?
- Wasser, Flutwelle = Gefühle, Stärke der Gefühlsempfindung
- Seite/Körperseite = Gefühle

Gefühle kommen und gehen. Ariane fürchtet sich vor einigen Gefühlen – vor allem vor Angst, Aggressionen und Wut. Zu tief sitzen die Wunden und negativen Erfahrungen aus der Kindheit. Ariane hat gelernt, wegzusehen, Ereignisse und Gedanken in ihrem Kopf zu blockieren, die unangenehmen Gefühle dazu wegzuschließen, wo sie sicher sind und nicht mehr schmerzen. Sie schaltet den Verstand aus, um die verurteilenden Worte, die Anschuldigungen nicht mehr zu hören.

Jedes Gefühl bahnt sich an, türmt sich auf und flacht wieder ab. Stellen wir uns unseren Gefühlen, durchleben wir sie, passiert nichts, außer dass sie abflachen und bei der nächsten Welle nicht mehr ganz so viel Kraft haben. Angst kann nur besiegt werden, wenn wir uns unseren individuellen Ängsten gefühlmäßig stellen. Dies gilt für jedes andere Gefühl auch: Eifersucht, Wut, Ohnmacht etc.

Lichtgespenster

Donnerstag, den 14. Juni 2007: Der Kampf in mir

Ein Mann greift mich an und will mich vergewaltigen. Wir halten uns gegenseitig an den Händen fest, drücken, ziehen, kämpfen mit den Armen und drehen diese dabei im Kreis. Ich stehe irgendwann mit dem Rücken an einer verschlossenen Tür auf dem oberen Absatz einer Treppe. Mein Angreifer steht vor mir auf der Treppe. Ich schaue in die Ferne und schreie laut um Hilfe. Ich sehe einzelne Menschen, die weiter weg an einer Häuserwand verteilt stehen und uns zusehen – mehr nicht. Dann kommen eine Frau und ein Kind auf dem Fahrrad angefahren. Die Frau schreit den Mann an, dass er mich loslassen soll und er lässt mich los.

In der Ferne sehe ich Laurenz, ein guter Freund von mir. Er trägt eine Jacke, die über den Po geht und ihn irgendwie verhüllt. Laurenz geht durch die Tür, vor der ich eben gestanden habe. Ich laufe ebenfalls hinein und treffe auf eine Frau, die hinter einer Theke steht. Ich frage, wo Laurenz hingegangen sei. Die Frau telefoniert daraufhin und fragt Inhalte zu einem Spiel ab, wie viele Level es hat, welchem Genre es zuzuordnen ist und ob es das Spiel gibt bzw. es auf Lager ist. Das Spiel ist vorhanden.

- Fremder Mann = Animus
- Fremde Frau = Schatten
- Kind = Welcher Teil in mir will sich entwickeln?
- Treppe = symbolisiert die verschiedenen Stufen meiner Persönlichkeit

Lichtgespenster

- Laurenz, Freund = symbolisiert einen Teil von mir, der integriert werden möchte
- Spiel = Wo ist das „Spiel meines Lebens“; wo in meinem Leben wünsche ich mir mehr Spiel und Spaß?

Die Beziehung zwischen Ariane und ihrem Lebensgefährten wird für sie emotional immer anstrengender. Ariane hat das Gefühl, als müsse sie sich zwingen, bei ihm zu bleiben, weil ihr die Kraft zum Gehen fehlt. Einfühlsame, tiefe Gespräche sind nicht möglich. Ariane lebt mit dem Gefühl eines ewigen Kampfes um Kleinigkeiten, bei dem sich beide im Kreis drehen und keine Lösung finden. Innerlich schreit sie laut um Hilfe und sieht keinen Ausweg. Sie unterdrückt Wut und Aggressionen, weil sie oftmals nicht die Kraft hat, sich zu wehren oder lange zu diskutieren. Jeder ist nur noch auf sich selbst fixiert, keiner von beiden hört dem anderen wirklich zu.
Aufgrund des ständigen Zurückzugs aus Streitereien, der unterdrückten verbalen Aggressivität, der Wut und der wachsenden Entfernung zwischen beiden reden Ariane und ihr Lebensgefährte immer seltener miteinander. Worte verschwinden und werden gegen Handlungen ausgetauscht, die oftmals verletzend für den anderen sind. Ohne Absprachen werden Urlaube gebucht, Verabredungen getroffen und es wird davon ausgegangen, dass der andere sich fügt.
Beide stehen vor der Frage, wie lange diese Situation noch so bleiben soll, welche Ebenen das Drama noch erreichen soll, bis

einer von beiden geht? Warum geht keiner, warum lassen beide es so, wie es ist? Liebe ist nicht mehr vorhanden. Was bindet Ariane, was macht sie abhängig von dieser Partnerschaft, wovor hat sie Angst? Sollte sie gehen? Was könnte passieren? Hat sie nur vor den aufkommenden Emotionen Angst? Bleibt Ariane stattdessen in einer Partnerschaft, die nur aus äußeren Abhängigkeiten besteht? Der Druck ist da, etwas ändern zu wollen, zu müssen, aber die Angst vor dem Unbekannten siegt. Ariane verhüllt ihr Leben weiter und lässt alles so, wie es ist.

Für sie entsteht eine hoffnungslose Situation. Versuche, etwas zu ändern, nützen nichts. Ariane denkt, ihr Leben werde sich so oder so nicht ändern.

Ihre Träume weisen sie immer mehr darauf hin, ihre männlichen Anteile wie Stärke, Kraft, Mut, Durchsetzungsvermögen, Ausdauer und den Schatten zu integrieren. Der Schatten steht hier für Angst machendes Unbekanntes, dabei ist er doch der eigentliche Zugang zum Licht in uns. Der Schatten ist häufig der Schlüssel zu einer authentischen Lebensweise. Symptome körperlicher, seelischer oder geistiger Art sind immer Ausprägungen des Schattens. Arianes Animus und ihr Schatten stehen im engen Kontakt zueinander und kommen immer häufiger in ihren Träumen vor.

Lichtgespenster

Sonntag, den 17. Juni 2007: Dem Leben seelische und körperliche Nahrung geben

Ein fremder Mann und ich stehen an einem leeren Anlegerhafen für Boote, als mehrere Motorboote in den Hafen einfahren. Die Motorboote sind sehr schnell und bremsen direkt vor der Kaimauer. Als ich mit dem fremden Mann auf eines der Boote klettere, fällt mir auf, dass die Boote unterschiedliche Farben haben. Dort bekommt er Erstickungsängste und fasst sich an den Hals. Schnell gebe ich ihm ein Glas Milch und es geht ihm nach kurzer Zeit besser. Er sagt, wenn er etwas trinke, gehe es ihm immer besser, aber es müsse Milch sein. Der fremde Mann weiß genau, was er zu tun hat, als er die Erstickungsangst hat. Er ist sich ganz sicher, für ihn gibt es keine Zweifel.

- Fremder Mann = Animus, die männlichen Anteile in einer Frau
- Boot = bejahende Einstellung zum Leben; das eigene Leben, wie sieht es aus?
- Ersticken = Beschränkung; welcher Persönlichkeitsanteil des Menschen braucht mehr Raum, um leben zu können?
- Milch = Muttermilch, seelische und körperliche Nahrung

Anscheinend geht Ariane zu unachtsam mit ihrem Leben um. Sie lässt sich vom äußeren Geschehen unbewusst treiben. Jeder Tag ist gleich, wenig ist aufregend, wenig fühlt sich nach

Abenteuer an. Ihre männliche Seite, wie beispielsweise die Durchsetzungskraft braucht mehr Raum, um sich zu entfalten, damit die Lebensenergie wieder fließen kann und Leben wirklich stattfindet. Leichtigkeit, Lebendigkeit und Zufriedenheit sind in Arianes Leben nicht mehr anwesend. Oft hat sie einen Kloß im Hals, der sie daran hindert, das auszusprechen, was sie gerne möchte; Wut *staut* sich im Hals. Ihre eigene Entwicklung wird gehemmt. Obwohl sie sich gerade auf einer beruflichen Zielgeraden befindet, sie ihre Promotion beenden wird, fühlt sich ihr Hals wie zugeschnürt an. Sie hat das Gefühl, keine Luft mehr zu bekommen. Seelische Nahrung zu sich zu nehmen bedeutet, Lösungen in ihr zu suchen. Dadurch kann sie sich aus diesem Erstickungsgefühl befreien und Körper und Geist in Einklang zu bringen.

Sonntag, den 24. Juni 2007: Prospektivtraum: Tiefe Gefühle überrollen mich

Es ist wunderschönes Wetter und ich fahre zusammen mit meiner Tochter Fahrrad auf der Insel Sylt. Auf dem Weg zum Strand sehe ich auf der linken Seite riesige Wellen, die zwischen den Häusern auf uns zukommen. Zwischen den Häuserzeilen sehe ich ein von riesigen Wellen umgebenes Trampolin, auf dem Kinder springen. Meine Tochter und ich fahren schnell weiter und verstecken uns hinter einem Haus. Kurze Zeit später drehen wir um und kehren den Wellen und dem Strand den Rücken zu. Auf dem Rückweg treffen wir eine Frau mit einem Kind. Wir gehen einander nicht aus dem Weg, sodass ich kurz vor einem Zusammenprall bremsen muss. Dann fahre ich weiter und habe dabei ein schlechtes Gewissen, weil ich nicht angehalten habe. Ich kehre um und entschuldige mich bei ihr mit der Erklärung, dass meine Bremsen nicht funktionieren. Ich lüge. Denn die Wahrheit ist, dass ich nicht anhalten wollte.

- Sylt, Insel = Ort der Ruhe
- Tochter = die eigene Kindheit
- Fahrrad = individuelles Gefährt
- Links = symbolisiert das Unbewusste; weibliche Seite am Körper
- Kinder = viele Möglichkeiten
- Wellen = Probleme mit Gefühlen, will nicht von den Problemen weg
- Frau = der weibliche Schatten, will nicht weggehen, ist genauso bockig und dickköpfig wie ich; Schatten ist harmoniebedürftig und will Schuldgefühle abbauen

Immer wieder wird Ariane von großen Gefühlen überrollt, denen sie im täglichen Leben ausweicht. Durch kontinuierliche Beschäftigung nimmt sie die Angst nur latent wahr. Sie ist ein permanentes Lebensgefühl, sie begleitet sie und wird in der Stille lauter. Ihrem eigenen Lebensgefühl misst sie nicht viel Bedeutung bei. Viel zu wichtig sind ihre Kinder, ihr beruflicher Abschluss, ihre Dissertation und der Hausbau – Ereignisse und Situationen im Außen, die sie kontinuierlich von sich selbst ablenken. Letztendlich belügt sie sich. Sie weicht allem Unbekannten aus, das ihr Angst macht und sich Schritt für Schritt eine Bedeutung in ihrem Leben verschaffen möchte.

Mittwoch, den 27. Juni 2007: Neuer Lebensweg – alter Lebensweg – Entscheidungen

Der neu angelegte Weg führt steil bergauf. Ich muss kräftig in die Pedalen treten, komme aber relativ leicht nach oben. Fast oben angekommen, visualisiere ich gedanklich ein bebautes Gebiet und bin, schließlich oben angekommen, überrascht, als sich eine wunderschöne Landschaft vor mir ausbreitet. Der neu angelegte Weg führt weiter durch dieses Gebiet. Ich entscheide mich für den Weg links von mir, er ist mir bekannt und ich fahre auf ihm weiter. Dieser Weg ist schmal und nicht so gut ausgebaut. Ein Mann und eine Frau kommen mir auf dem Weg entgegen; der Mann bleibt zurück und die Frau geht vor. „Wie ist dieser Weg?“, frage ich. „Sie sollten lieber den neuen Weg nehmen“, antwortet die Frau. Entgegen dem Vorschlag der Frau entscheide ich mich aber, weiter auf dem alten Weg zu bleiben und sehe, dass die Umgebung vor mir dunkel und voller miteinander verwobener Äste ist.

Ich sehe ein, dass dieser Weg nicht der richtige ist, allerdings ist der schöne Weg durch den fallenden Schnee nicht mehr zu sehen. Dafür sehe ich einen weiteren, der den Berg hinunter führt, und entscheide mich für diesen. Nehme dann aber kurz entschlossen doch einen Weg, der parallel zu diesem verläuft. Der Parallelweg sieht noch schön eingeschneit aus und hat nicht so viele Spuren und Abdrücke wie der Weg daneben, den ich zuerst gesehen habe.

- Fahrrad = Weggefährte, individuelles Gefährt
- Berg = Schwierigkeiten
- Weg = Lebensweg
- Schnee = Emotionen im Schwebezustand, Klarheit, Ende, Neubeginn. Was ist vorbei und wo in meinem Leben wünsche ich mir einen Neuanfang?

Die Richtung im Leben zu wechseln, einen neue Weg einzuschlagen, obwohl einem der alte Weg nicht mehr als richtig und als viel zu eng erscheint, ist oft ein tiefgreifender Einschnitt in das eigene Leben.
Einen Partner zu verlassen oder eine echte Beziehung zu ihm einzugehen, sein Leben zu verändern, das Leben zu leben, das von Innen kommt, bedarf der Erkenntnis, dass etwas nicht funktioniert. Inneres Wachstum ist dafür ebenso notwendig.
Einen Partner verlassen wir nicht so schnell, da oft äußerliche Sicherheit mit ihm verbunden ist. Folgender Gedanke ist ein Trugschluss: „Wenn wir/ich erst einmal das und jenes gemacht haben, wird alles besser."
Nach den Ablenkungen Hausbau und Dissertation wird Ariane mit ihren eigentlichen Problemen konfrontiert, die sie unzufrieden machen und von ihr bisher nur unterschwellig wahrgenommen wurden.

Die Feststellung, dass etwas nicht mehr funktioniert, führt eher zu täglichen Auseinandersetzungen als zu Entscheidungen für das eigene Leben.
Deswegen hält Ariane an der aktuelle Situation mit dem Partner fest, in dem Glauben, doch noch die glückliche Familie zu bekommen, die sie sich seit ihrer Kindheit so sehr wünscht.
Manchmal müssen wir den alten Weg noch ein Stück weiter gehen, um ausreichend Erfahrungen zu machen, oder weil wir noch nicht die Kraft haben, unseren neuen Lebensweg einzuschlagen.
Ariane entscheidet sich im Traum für einen Kompromissweg, den so noch niemand gegangen ist. Er ist dem glänzenden Weg ähnlich, führt aber nicht so steil bergab. Zu stark sind die vermeintlichen Sicherheiten wie Haus, finanzielle Absicherung, soziales Geflecht, als dass wir uns leicht daraus befreien können.

Donnerstag, den 28.06.2007: Das Leben aufräumen und ins Handeln kommen
Wir fahren zu viert in einem Käfer und biegen rechts in eine Seitenstraße ein. Plötzlich schrecke ich zusammen und höre ein ganz lautes Geräusch. Rechts und links neben uns sind riesige Steinfiguren ähnlich der Quadriga in Berlin oder Braunschweig, die durch eine runde Kugel, die an einer stabilen Kette hängt, zerstört werden. Das Gestein liegt vor uns auf der Fahrbahn und wir können nicht weiterfahren. Meine Freundin Karen und ich steigen aus dem Auto aus. Überall

sitzen und stehen Bauarbeiter, die gerade eine Pause machen – es ist alles ruhig. Sie bieten uns ein Bier an. Ich möchte ein Becks Gold und bin enttäuscht, dass die Flaschen sehr schnell vergriffen sind. Dennoch bekomme ich noch eins ab und biete Karen die Hälfte des Bieres an, die sie dankend annimmt. Ich trinke davon, aber es schmeckt mir nicht, ich gebe es an Karen zurück. Als ich das nächste Mal trinken möchte, ist die Flasche fast leer und ich bekomme einen Schreck. Ich merke dann aber, dass es gar nicht unsere Flasche ist.

Ich möchte weiterfahren. Die Bauarbeiter fangen an aufzuräumen und wir helfen ihnen. Die Brocken scheinen gar nicht so schwer zu sein. Ich finde ein neues Kinderfahrrad in rot-gelb mit Stützrädern und möchte es für meine Kinder mitnehmen. Ein Mann erlaubt es mir nicht und antwortet auf meine Frage: „Ach quatsch, das gehört der Familie, die hier wohnt.“ Er nimmt mir das Fahrrad aus den Händen.

Ich sehe, dass der Weg frei ist, steige ins Auto und fahre weiter.

- Auto = Ariane
- Steinbrocken = Stabilität; Brocken, Elemente des Lebens
- Bauarbeiter, Baustelle = Persönlichkeitsentwicklung, Lebensplanung
- Bier, Becks Gold = innere Ruhe und Gelassenheit

Genau genommen ist Arianes Leben eine riesige Baustelle. Das, was ein Leben eigentlich lebenswert machen sollte, belastet sie. Dabei sind es nicht die einzelnen Aktivitäten in ihrem Leben, sondern die Summe aus allem. Überlastet mit all diesen Aktivitäten findet sie keinen Freiraum für sich selbst. Ihre Kinder liegen ihr sehr am Herzen und bringen sie zum Strahlen; ihr Lebensgefährte entfernt sich weiter von Ariane und geht als Besucher bei ihnen zu Hause ein und aus. Die meiste Zeit arbeitet er in einer anderen Stadt. Ariane empfindet ihren Lebensgefährten als Eindringling, der ihren Alltag durcheinander bringt, wenn er bei ihr ist. Seine Anwesenheit fühlt sich störend an, weil Arianes Lebensstruktur gestört wird. Der Halt im Äußeren geht verloren. Anstatt ihn zu integrieren oder mit ihm darüber zu reden, kapselt sie sich ab.

Das Leben, das sich Ariane so oft vorgestellt hat, die lachende Superfamilie, das Haus, ein Garten, in dem fröhliche Kinder spielen, das liebevolle Miteinander, die Liebe, die Leidenschaft, der Sex und die Hingabe, all das ist meilenweit von ihr entfernt. Ariane hat aufgehört, zu leben, sie funktioniert und organisiert den Alltag. Sie möchte ausbrechen, handelt aber nicht, sondern geht ihren bekannten Weg weiter. Sie hofft, dass irgendwann alles besser wird. Die Brocken, die ihr im Weg liegen, sind scheinbar riesig, sodass sie diese nicht aus dem Weg räumen kann. Sie selbst legt sich die Brocken in den Weg. Viele Helfer sind da, die sie unterstützen könnten, um all das zu beseitigen, was sich nicht mehr richtig anfühlt und sie auf ihrem Lebensweg festhält.

Es ist die Angst, zu handeln und etwas zu verändern, die uns scheinbar wie Steine im Weg liegt. Beschreiten wir dann einen neuen Weg, ist er oft einfacher, weniger steinig und eröffnet uns neue Möglichkeiten. Viel zu sehr binden wir uns im Leben an vermeintliche Sicherheiten. Unbewusste Abhängigkeiten erschweren zusätzlich den eigenen Lebensweg.

Freitag, den 27. Juli 2007: Entspannen und ausruhen
Eine Freundin meines Lebensgefährten und ich sitzen auf einer Bank, die direkt an einer Wand steht. Brigitte hat dunkles Haar, eine Hornbrille, Bartstoppeln im Gesicht, sie hat einen Schal um und sieht aus wie verkleidet. Sie erzählt mir, dass sie Brötchen holen wollte, damit wir zusammen frühstücken können. Dabei habe sie sich aber ständig verfahren. Zum Glück habe sie einen Fahrplan/Stadtplan dabeigehabt, sodass sie wieder zurückgefunden habe. Brigitte sieht sehr sportlich aus und sie erzählt, dass sie sich mit Golf fit halte. Ich selbst finde Golf ziemlich langweilig. Brigitte macht den Sport schmackhaft, sie sagt, dass man anschließend Massage, Sauna etc. machen könne.
In der Küche sitzt meine Mutter vor einer Kaffeemaschine mit einer halbgefüllten Kaffeekanne. Meine Mutter riecht unangenehm nach Rauch.

- Freundin, sportlich, verkleidet = Rollenspiel, Freundin als Altlast von Arianes Lebensgefährten; Vermeidungsstrategie
- Wand = Barriere, Trennung
- Golf = ruhiger Sport ohne Anstrengung
- Küche = Ort der kreativen Energie, Kommunikation

- Kaffee, halb voll, halb leer = halbe Sache
- Verfahren, verirrt = nicht auf dem richtigen Weg sein

Ariane weiß, wie sie immer wieder in die alten Strukturen des Lebens zurück findet. Es ist Zeit zu entspannen, sich auszuruhen und damit neue kreative Energien zu sammeln. Es ist jetzt wesentlich, eine neue Orientierung im Leben zu finden, das Leben zu überdenken und Altlasten abzuwerfen.

Sonntag, den 19. August 2007: Die Rolle, die ich spiele
Tom Cruise hat mir eine kleine Rolle in einem Film versprochen. Dafür übt er mit mir eine Kampfszene, bei der mir nicht klar ist, ob ich überhaupt in diesem Film mitspielen kann. Während der Kampfszene redet er auf mich ein und macht wilde, sehr unpräzise Karateübungen und ich denke, hoffentlich kann ich diesen Angriffen ausweichen, spiele meine Rolle aber sehr gut. Meine Ausführungen sind im Gegensatz zu seinen sehr präzise.
Wir spielen eine Szene. Tom hat einen Trenchcoat an und ist mit einem Schal vermummt. Als er mich angreifen will, klingelt das Telefon und er verschwindet in einem Nebenzimmer.
Demi Moore kommt zwischenzeitlich herein und ich freue mich, sie zu sehen. Demi hat fast keinen Hals und sieht zusammengepresst aus. Beim Umbinden ihres Schals helfe ich ihr und zeige ihr, was ich hübsch finde. Dabei wickle ich ihr den Schal um den Hals. Sie tut so, als ziehe sie ihn zusammen und

als schnüre es ihr die Kehle zu. Sie lacht dabei. Die gesamte Szene spielt in einem viereckigen Raum mit Turnhallencharakter.

- Schauspieler = Rollenspiel
- Szene = eine Rolle übernehmen, eine Szene spielen, nicht so sein, wie man wirklich ist
- Hals = Was bin ich zu sagen bereit? Kommunikation
- Schal = Schutz, wenn es im Außen kalt oder unfreundlich wird

Menschen passen sich permanent an Situationen und die dazugehörigen Rollen an, so auch Ariane. Bei Rollenwechseln sollten wir darauf achten, uns nicht zu verlieren, authentisch zu bleiben, die eigenen Bedürfnisse als Eltern, Lebenspartner oder Freunde zu berücksichtigen. Es gilt, die verschiedenen Rollen harmonisch in unser Leben zu integrieren.
Die Überanpassung, die Missachtung der eigenen Bedürfnisse, das unbewusste Sehnen nach Anerkennung brennen Ariane aus. Die Rolle, die sie spielt, ist präzise bis ins kleinste Detail eingeübt. Die Rollen Mutter, Partnerin oder Freundin spielt sie mit einem feinen Gespür dafür, was anderen guttut und was andere brauchen.
Es handelt sich dabei um eine kopfgesteuerte Anpassung an die Bedürfnisse anderer, das verursacht Unsicherheit.
Die Überanpassung geht so weit, dass sie jeglicher Art von Konflikten aus dem Weg geht. Ariane traut sich nicht, zu sich

selbst zu stehen, ihre Meinung zu sagen. Der eingeübte Weg besteht im Hinunterschlucken, darin, den Mund zu halten, Konflikten aus dem Weg zu gehen und verbale Angriffe zu vermeiden. Es fällt ihr schwer, sich gegen verbale Angriffe zu wehren. Sie fühlt sich dann ohnmächtig, hat keine Macht, das Passende zu sagen, zu sich selbst zu stehen. Ariane ist ein Opfer vieler Situationen und eine Projektionsfläche ihres jeweiligen Gegenübers.

Dienstag, den 18. September 2007: Der innere Schrei nach Hilfe

Durch ein Fenster sehe ich ein Flugzeug am Himmel. Das Flugzeug dreht sich im Kreis und zieht eine schwarze Rauchfahne hinter sich her. Es wirbelt herum, entfernt sich immer mehr und stürzt ins Wasser. Ich renne durch die leeren Räume im Haus und schreie: „Hilfe, ein Flugzeug ist abgestürzt." Draußen auf dem Balkon sehe ich das Flugzeug links von mir und ich denke, dass ich sehr weit durch die Räume gelaufen sein muss. Rechts von mir sehe ich einen mit Menschen gefüllten, ruhigen Strand. Die Sonne scheint, ich nehme mein Handy heraus und wähle die Nummer der Feuerwehr. Ich denke sogar an die Vorwahl, als plötzlich von rechts eine riesige Flutwelle kommt, die sich immer mehr auftürmt und einen starken Wind verursacht. Ich kann mich gerade noch ins Haus retten, spüre aber den Sog der Wellen. Als ich in den Räumen bin, bilden sich Beulen an den Wänden und das Haus wackelt. Ich renne durch das Haus und suche meine Familie.

- Flugzeug = schnell große Entfernungen, Hindernisse überwinden
- Absturz = nicht der richtige Weg
- Feuerwehr = Bewusstheit über Selbsthilfe und Hilfe durch andere; ich weiß immer wen ich fragen kann; Selbstbeherrschung und Disziplin
- Beulen = äußere Konflikte, die Einfluss auf mich nehmen und mich belasten
- Flutwelle = kritische äußere Einflüsse, die nicht änderbar sind und hohe Wellen schlagen
- Haus, leere Räume = ich, mein Körper, mein Inneres, welches nicht gefüllt ist, sondern leer ist

Mirriam Prieß schreibt in ihrem Buch „Finde zu dir selbst zurück! Wirksame Wege aus dem Burnout“, dass die Atmosphäre in unserem Elternhaus den Umgang mit uns selbst und unser späteres Leben prägt. Fehlt eine liebevolle Atmosphäre, so bauen wir eine falsche Identität auf, sind verunsichert, haben das Gefühl, das uns etwas fehlt und müssen Sicherheit außerhalb von uns suchen.

Arianes wahres Wesen wurde sicherlich erkannt, aber oft mit Neid betrachtet, dann ignoriert und als Zielscheibe für tiefsitzende, verbale Attacken genutzt. Sie entwickelte das Gefühl, nicht richtig zu sein. Blind für ihren eigenen

Wesenskern suchte sie in den Jahren des Erwachsenwerdens nach sich selbst – im Außen.
So entstanden nach und nach viele *Projekte* nebeneinander, die nicht zu bewältigen waren. Ausgelaugt und müde macht sie weiter. Sie lässt alles auf sich einprasseln, reagiert nicht mehr und hat momentan einfach nur noch das Zusammenschreiben ihrer Dissertation im Kopf. Sie möchte ihren Abschluss und den Doktortitel. Ihre Seele und Gefühle geben Signale: Ariane ist unruhig, nervös, müde.
Ariane sucht nach Halt, nach Anerkennung für ihre Leistungen, nach Zugehörigkeit. Sie weiß nicht, wo sie hingehört. Ist der eingeschlagene Weg richtig? Ist es passend, ihre Dissertation zu beenden und zu ihrem alten Arbeitgeber zurückzukehren? Dieser bietet ihr Sicherheit, soziale Leistungen und eine Vergütung, die ihr finanziell ein sorgenfreies Leben bietet. Aber lebt sie dann wirklich aus dem Selbst heraus? Ist es das Rundum-sorglos-Paket, das sie zum Leben braucht? Ist es das, was Ariane für sich *Leben* nennt?

Dienstag, den 02. Oktober 2007: Auf die innere Stimme hören
Mein Exmann und ich fahren im Auto nach Hause. Als wir einparken, sehe ich seine Schwester hinter meinem Auto vorbeigehen. Sie hat einen großen schwarzen Koffer in der rechten Hand, dessen Farbe durch einen silbernen Streifen unterbrochen ist. Mein Exmann kommt mit einem ähnlichen Koffer auf mich zu. Außerdem hat er Ohrringe in den Ohren, die aussehen wie silberne Blitze. Der Ohrring im linken Ohr ist

größer als der im rechten. Mein Exmann findet die Ohrringe astrein.
Ich fahre die schwer befahrbare Straße vor dem Haus weiter, sie geht leicht bergab. Die Hecken am linken und rechten Fahrbahnrand erschweren das Fahren.

- Exmann und seine Schwester = Hilfsobjekte, Rollenspiel, weil verkleidet
- Silber = Traumaktivität nimmt zu; zunehmende übersinnliche Fähigkeiten
- Koffer = Reise, Tiefen des Selbst erforschen, Geheimnis erfahren
- Blitz = plötzliche Vision, was erwacht in mir?
- Ohrring = Höre ich zu, habe ich ein offenes Ohr, auch für mich selbst?

Ariane geht seit Längerem in eine Psychotherapie. Sicherlich ist das ausschlaggebend, sich all die Fragen zu stellen. Durch Projektion und Spiegelung ihrer Therapeutin merkt sie, dass etwas nicht richtig ist. Zu diesem Zeitpunkt muss sie in ihrer Lebenssituation keine großen Hürden überwinden.
Die Sensibilisierung für das Leben erfolgt durch die Psychotherapie und Träume, durch sie hat Ariane Kontakt mit ihrer Seele. Die Träume sind Wegweiser der Seele. Trotz allem ist ihr nicht bewusst, wie tief ihre innere Reise geht. Sie erkennt zunächst nicht, welch wundervollen Wegweiser sie nachts bekommt und wie sie tagsüber damit umgehen kann. Ariane ist zu sehr mit ihrem Kopf verbunden, mit Strukturierung, Wissen

und Logik. Sie hat kein offenes Ohr für sich selbst, sondern nur für das, was als Nächstes zu tun ist. Sie schließt aus ihrem Leben aus, sich Zeit für sich zu nehmen. Die Hoffnung, dass alles leichter wird, wenn die Dissertation abgegeben ist, gibt ihr Halt, um weiterzumachen. Leider übersieht sie das Feine, Sensible in ihr.

Freitag, den 12. Oktober 2007: Statustraum: Unsicherheit
Meine Disputation steht kurz bevor. Ich befinde mich in Schloss Dagstuhl, das weltweit anerkannte Begegnungszentrum für Informatik. Hier treffen sich international führende Spitzenforscher, vielversprechende Nachwuchswissenschaftler und Praktiker, um sich über ihre aktuelle Forschung auszutauschen. Mein ehemaliger Professor aus meinem Studium steht plötzlich vor mir. Mein Professor ist ein absoluter Durchstarter; mit 32 Jahren Professor und mit seiner Arbeit verheiratet. Ich grüße ihn und will auf gar keinen Fall, dass er erfährt, dass ich meinen Vortrag hier halte. Er spricht mich aber direkt darauf an und ich merke, wie unsicher ich bin. Überraschenderweise beruhigt er mich und sagt, dass es jedem so gehe. Ich weiß, dass auch Christian da ist. Mein Professor und Christian sind im Rahmen der Informatik zwei hochintelligente Menschen und ich habe Angst, ihnen gegenüberzustehen, insbesondere bei meinem Vortrag. Ich bin unsicher und will nicht, dass die beiden merken, dass ich Wissenslücken habe.

Lichtgespenster

Ariane ist durch ihren Lebensweg, durch das, was sie damals begleitete, ein sehr unsicherer Mensch geworden. Oft denkt sie, dass sie nicht über genug Wissen verfügt, dass sie keine Ahnung von dem Thema hat, das sie gerade selbst über Jahre bearbeitet hat. Sie denkt, sie hätte genauer recherchieren müssen etc. Anstatt sich mit jemandem auf ihrer geistigen Ebene zu vergleichen, vielleicht mit einem Doktoranden wie sie selbst, setzt sie ihren Maßstab so hoch und vergleicht sich mit zwei außergewöhnlichen Talenten in der Informatik. Selbst unter größter Anstrengung wird sie das Leistungsniveau der beiden niemals erreichen können. Ihr Maßstab ist zu hoch angesetzt. Ariane hat Angst, dass sie am Tag der Disputation die ihr gestellten Fragen nicht beantworten kann und durchfällt.

Dienstag, den 16. Oktober 2007: Zeit für Veränderung
Björn, ein Kollege aus einem anderen Institut, der ebenfalls promoviert, fragt mich, ob wir zusammen ins Kino gehen. Ich sage zu, dabei ist mir die Wahl des Films total egal. Bevor wir losgehen, verspüre ich plötzlich einen großen Drang, auf die Toilette zu gehen. Björn meint, er könne in der Zwischenzeit die Geschirrspülmaschine ausräumen. Im Badezimmer ziehe ich mich bis auf den Slip aus, setze mich auf die Toilette und entleere mich vollständig. Der Kot ist überall in der fast überlaufenden Toilette, in der Badewanne als frisch gepflügter Acker und im Waschbecken. Björn klopft an die Tür. Ich bedecke meine Brust und hocke mich hin, als ich die Tür öffne.

„Ich bin noch nicht fertig", sage ich zu ihm. Björn meint, er benötige auch noch etwas Zeit.

- Kot = Steht für etwas Positives. Kot ist ein Nährboden für Wachstum und Entwicklung. Es ist der Zeitpunkt für etwas Neues: im Beruflichen und auch im Privaten
- Bastian = Bastian bietet in diesen Traum nur die Rahmenbedingungen und ist für den Traum unbedeutend

Ende dieses Jahres wird Ariane ihren Doktortitel erhalten. Sie hat viel geschafft, wenn sie ihr Buch in den Händen hält. Es ist Zeit für sie, wieder etwas Neues anzufangen. Zurück bei ihrem alten Arbeitgeber wird sie um eine neue berufliche Perspektive bitten.

Auch im Privaten ist es Zeit für eine Veränderung. Es ist ihr momentan noch völlig unklar, wie es weitergehen soll. In der Partnerschaft ist sie unglücklich, sie fühlt sich wenig geliebt. Ihr Traum lässt offen, wie die Veränderung aussehen soll. Es ist ein Ende in Sicht. Den Neuanfang darf Ariane selbst gestalten. Die Frage ist nur wie?

Samstag, den 27. Oktober 2007: Die Gefühle brechen durch

Der Morgen dämmert und ich fahre mit dem Fahrrad von Sülfeld nach Fallersleben. Der Weg verläuft sehr gerade, es geht leicht bergab, es ist insgesamt sehr hügelig. Mir kommen Fahrradfahrer entgegen, andere überholen mich. Kein

Lichtgespenster

Fahrradfahrer beunruhigt mich oder macht mir Angst, bis ich ein klappriges Fahrrad hinter mir höre. Der Fahrradfahrer kommt näher, überholt mich aber nicht. Ich schaue über die linke Schulter nach hinten, dann fährt er doch an mir vorbei und sagt: „Schön siehst du aus.“ Der Mann ist auf seinem Fahrrad zusammengekauert, er hat dunkles Haar, ein rot durchblutetes Gesicht, blaue Augen, seine Haut ist großporig und er hat einen hinterlistigen Gesichtsausdruck.

Kurz danach kommen mir drei bekannte Männer von links entgegen und begrüßen mich. Sie sind festlich in Anzügen gekleidet und angetrunken. Einer der Männer thematisiert das auch und erklärt, dass sie gerade von einer Party kämen. Worauf ich sage, dass er nicht nur betrunken, sondern sturzbesoffen sei. Die anderen beiden Männer lachen darüber. Ich schaue mich um, der Mann auf dem Fahrrad ist weg.

Plötzlich bin ich auf dieser Party. Ich befinde mich in einem großen runden Raum und bemerke, dass dies ein Fahrstuhl ist. In dem Fahrstuhl treffe ich meine ehemaligen Klassenkameraden von 1987. Wir begrüßen uns und freuen uns über das Wiedersehen. Plötzlich stehe ich wieder alleine da, denn alle wechseln auf die andere Seite des Raumes, dabei klappt die eine Kreishälfte des Bodens nach unten und die andere Seite nach oben. Der Fahrstuhl fährt abrupt bergab und ich erschrecke. Alle haben sich auf den Boden gesetzt, bis auf eine Person. Sie steht mir völlig unbeeindruckt von der Situation auf der anderen Seite gegenüber.

Meine Klassenkameraden fangen an, sich über Schulbücher und Einteilung in Kurse zu unterhalten. Die Anmeldung für die Kurse ist bereits gelaufen, aber meine Schulkameraden haben auch an mich gedacht und mich zu den Kursen angemeldet. Sie überreichen mir einen kleinen gehefteten gelben Zettel, der aussieht wie ein Ticket oder eine Abholmarke aus der Wäscherei. Von meiner Sitznachbarin bekomme ich den Rat, welchen Englisch-Wortschatz ich nehmen soll. Sie spricht aus Erfahrung, weil sie schon sehr lange damit arbeitet.

- Fahrrad = individuelles Gefährt
- Bergauf und bergab = das Leben
- Betrunken = Unterdrückung von Gefühlen
- Abi 1987 = Schwellensituation; was wird, wo geht es hin?
- Fahrstuhl fährt nach unten = Unterbewusstsein
- Angst = das latente Lebensgefühl

Arianes Angst begleitet sie jeden Tag. Oft spürt sie die Angst über den Tag nicht, weil sie abgelenkt ist, arbeitet, mit ihre Kindern spielt oder in Gesellschaft ist. Doch in ruhigen Momenten spürt sie die Angst im Magen und es schnürt ihr die Kehle zu. Manchmal bekommt sie leichte Schweißausbrüche. Mal geht es gut und mal ist sie dadurch beunruhigt. Sie kann dieses Gefühl keinem äußeren Ereignis zuordnen. Sie weiß nicht, wie sie damit umgehen soll, oder woher es kommt. Es ist wie ein Schatten, der sie kontinuierlich begleitet. Ariane wünscht sich, dass diese Angst einfach wieder verschwindet.

Lichtgespenster

Am besten gelingt ihr das, wenn sie die Angst unterdrückt oder ignoriert. Aber - ein Schatten verschwindet nur, wenn wir ins Dunkle gehen; Gefühle werden zu Freunden, wenn sie angenommen werden.

Irgendetwas ist aus dem Gleichgewicht geraten. Ariane versucht sich durch regen Aktionismus davon abzulenken, teilweise auch erfolgreich. Tagsüber spürt sie die Angst nicht, weil sie sich nicht darauf einlässt. Nachts lässt sie die Angst nicht schlafen. Oft wacht sie auf und ist unruhig. Ihr Unterbewusstsein meldet sich. Sie hat Angst vor der Angst, insbesondere davor, dass sie stärker wird.

Für Ariane gibt es momentan viele Schwellensituationen: der Abschluss ihrer Promotion, der anstehende Arbeitsplatzwechsel, die unsichere Situation mit ihrem Lebenspartner. Ariane findet damals keinen Lebensbereich, in dem sie sich richtig sicher fühlen kann. Ihre negativen Gefühle werden stärker, begleiten sie öfter, gewinnen des Öfteren die Oberhand.

Auch am Körper machen sich diverse Leiden bemerkbar: Ihr Nacken schmerzt, ihr Backenzahn pocht kontinuierlich, sie ist müde und energielos. Der Tag laugt sie aus, nachts kann sie nicht schlafen.

5.3 2008: Ein neues Leben?

Dienstag, den 08. Januar 2008: Statustraum von Freiheit und Unabhängigkeit

In meinem Traum bin ich bei meiner Zahnärztin in der Praxis. Sie ist freundlich und nett zu mir und erklärt mir, dass ich keine Schmerzen haben werde, sondern lediglich ein Druckgefühl auf der linken Seite in der Leistengegend. Um mir das zu verdeutlichen, drückt sie sich mit beiden Händen auf diese Stelle und beugt sich leicht nach vorn. Dann nimmt sie einen kleinen Tropfen einer Flüssigkeit und fängt an, mir die Haare zu waschen. Es schäumt.

- Zahnärztin = Ich sehne mich nach Freiheit und Unabhängigkeit, Selbstständigkeit
- Haare = Gedanken
- Schaum = warnt vor Illusionen

Ariane sehnt sich nach Freiheit und Unabhängigkeit. Zurückgekehrt in den 08/15-Job, wie sie es selbst nennt, fragt sie sich täglich, wie sie die Arbeitszeit bewältigen soll. Ihr Tag ist voll mit Terminen. Morgens bringt sie ihre Kinder zur Tagesmutter, anschließend fährt sie zur Arbeit, einem Vollzeitjob, den sie eigentlich gar nicht bewältigen kann. Ihr Kopf dreht sich. Nachts ist sie oft alleine ohne ihren Lebenspartner, dann verfolgen sie wieder ihr Schatten und ihre Angst. Laute wie das Knacken der Terme, Spannungsentladungen der Dielen, Geräusche, die von draußen kommen, lassen sie wieder hochschrecken und sie denkt, es sei ein Fremder in der Wohnung. Die gut verdrängten Gefühle kommen hoch, begleiten sie des Nachts. Ariane verdrängt sie weiterhin, will sie loswerden und versucht, schnell wieder einzuschlafen.

Nach der anstrengenden Zeit der Promotion hofft sie, dass alles besser wird. Ihr Herzenswunsch ist es, einen für sie entspannten Weg zu finden, der sie endlich *ihr Leben* leben lässt. Viele Menschen helfen ihr: Der Zahnarzt kümmert sich um ihren pochenden Zahn, sie geht zur Krankengymnastik, um ihren Nacken zu entspannen, und zur Massage, um ihre Muskulatur zu lockern. Durch den Sport hofft sie wieder agiler und fitter zu werden. Leider erfährt sie keine wirklich Heilung und ist immer mehr auf die Hilfe durch Fachleute angewiesen. Ariane ist sich bewusst, dass in ihrem Leben etwas nicht stimmt. Sie weiß auch, wie erschöpft sie ist. Sie kann das jedoch gut unterdrücken.

Donnerstag, 10. Januar 2008: Regulierte Gefühle

Das Boot ist nicht besonders groß und sieht eher wie ein Plastik-Spielzeugboot aus. Wir fahren in eine Schleuse herein, um ein größeres Schiff vorbeifahren zu lassen. Dabei wird das Boot hochgepumpt und kann so auf der anderen Seite wieder herausfahren. Beim Herausfahren schaukelt das Boot hin und her, weil aus der Luft ein riesiger metallener Legostein neben dem Boot in das Wasser fällt. Der Legostein ist an einem Stahlband befestigt, er trifft das Boot und auch mich beinah.

Das andere Schiff verursacht plötzlich eine riesige Welle, die sturmflutartig auf mich zukommt und unser Boot noch mehr schaukeln lässt. Ich balanciere die Wellen aus und komme selbst nicht ins Wanken.

Unser Boot steht plötzlich auf dem Kopf, wir sind unter Wasser und von einer riesigen Glaskugel umhüllt. Ich habe Angst, dass wir ertrinken, ringe nach Luft, versuche, mich zu beruhigen und ganz ruhig zu atmen. Dabei beobachte ich im Wasser Blasen und bemerke, wie wir langsam aufsteigen. Alle anderen liegen hinter mir auf dem Boden – ich stehe.

An Land bekommen wir Besuch. Der Mann ist groß, schmal und versucht Karateübungen nachzuahmen, um mich damit aufzuziehen. Ich möchte nicht, dass er das macht, und sage, dass er die Bewegungen nicht präzise genug ausführe. Er hört auf damit und wir verabschieden uns. Dabei finden wir während der Umarmung nicht die richtige Kopfstellung. Wir versuchen, über die linke oder rechte Schulter des anderen zu schauen. Unsere Köpfe treffen sich auf der rechten Seite. Von Weitem ruft uns jemand zu: „Bis nachher zum Essen." Ich will nicht schon wieder etwas essen.

- *Wasserschleuse = regulierte Gefühle*
- *Spielzeug = spielerische Leichtigkeit zulassen. Wo bin ich dazu bereit?*
- *Boot = Wie lenke ich mein Lebensschiff?*
- *Glaskugel = unsichtbare Barriere, die schützt*
- *Besuch = verdrängter Persönlichkeitsanteil kommt zum Vorschein, den ich als unangenehm empfinde*

Lichtgespenster

Ariane schützt sich weiter vor ihren Gefühlen. Intuitiv weiß sie, dass sie von ihnen überschwemmt werden könnte, wenn sie sich auf eines ihrer Gefühle einlässt. Gefühle zu unterdrücken, ist ein beständiger Prozess in ihr. Je schmerzhafter die Gefühle ihr erscheinen, umso mehr Energie kostet es sie, diese zu unterdrücken. Also funktioniert sie weiter, ein Automatismus auf allen Ebenen. Da, wo andere schon in einen Erschöpfungszustand gefallen wären, steht sie wieder auf und macht weiter. Aber irgendwie scheint das noch nicht genug zu sein. Denn zu all dem, was sie den ganzen Tag über leistet, macht sie Karate, einen Kampfsport, der das tägliche Kämpfen symbolisiert – gegen einen imaginären Partner, gegen den sie sich täglich verteidigen muss und den sie so, wie sie zu diesem Zeitpunkt lebt, einfach nicht besiegen kann.

Samstag, 12. Januar 2008: Lebensplanung als Baustelle

Zusammen mit einer Freundin stehe ich auf einer riesigen Baustelle. Überdimensionale Eisenträger sind dort übereinander gestapelt. Am Eingang der Baustelle sitzt ein Mann, der so etwas wie einen Kran lenkt und uns bittet, nicht weiterzugehen, da weiter vorn auf der Baustelle gerade gearbeitet werde. Wir nehmen auf zwei Sitzplätzen vor der Baustelle Platz. Meine Freundin meint, dass wir in der Zeit des Wartens auch ein Eis essen könnten, steht auf und holt uns eins. Der Bauarbeiter zeigt mir unterdessen, warum ich nicht weitergehen dürfe. Ich folge seiner Hand, die auf einen riesigen

Eisenträger zeigt, der auf mich hätte runterfallen können. Ich habe auch keinen Helm auf, ich bin nicht geschützt. Er warnt mich und geht dann ebenfalls zu dem Kiosk. Meine Freundin kommt unterdessen zurück, setzt sich und hält mir ein Vanille-Erdbeereis in der Waffel hin. Es sieht aus wie ein Langnese-Waffeleis. Ich nehme das Kleinere von beiden und sehe, dass beide Eistüten so aussehen, als hätte schon jemand daran geleckt. Der Bauarbeiter kommt zurück und setzt sich auf seinen Platz und fängt an zu essen.

- *Baustelle = Persönlichkeitsentwicklung und Lebensplanung*
- *Bauarbeiter = Entwicklung, Vorankommen*
- *Stahlträger = Sturzgefahr*
- *Eis essen = ausruhen*

Arianes Leben ist in fast allen Lebensbereichen eine Baustelle. So weiterzumachen, ist nicht der richtige Weg.

Die Liebe ist das Fundament jeder Partnerschaft und beginnt immer bei einem selbst. Ariane spürt sich selbst nicht mehr, spürt keine Liebe. Liebt sie sich? Wo ist ihr innerer Dialog geblieben? Es spricht nur noch ihr Ego zu ihr und drängt sie weiterzumachen. Ariane scheint komplett auf der falschen Spur zu sein. Sie folgt einer Lebensplanung, die nicht ihrem inneren Wesen entspricht. Es ist Zeit, Pause zu machen, sich auszuruhen und ihr Leben und sich selbst anzusehen. Ariane ist sich schon lange nicht mehr treu und lebt ihr Leben für andere. Obwohl ihr Leben in der Partnerschaft, ihr Körper und auch ihr berufliches Umfeld immer wieder mitteilen: „Hör auf, parke, halt an und orientiere dich neu“, hört sie diese Stimmen nicht mehr, ignoriert sie. Ariane identifiziert sich immer wieder mit anderen Personen und verliert langsam sich selbst.

Montag, den 14. Januar 2008: Beerdigung, irgendetwas stirbt
Die meiste Zeit jogge ich wie ein junges Reh, locker und beschwingt. Manchmal geht es etwas schwerfälliger und ich werde in meinen Laufbewegungen gebremst. Es regnet und ich jogge zu dem Haus der Eltern meines Exmannes. Seine gesamte Familie ist anwesend, alle sind festlich gekleidet und darauf vorbereitet, auszugehen. Mein Exmann schraubt an einem Fahrrad herum, seine Schwester Beatrice bereitet etwas vor.
Es regnet weiter, es ist dunkel, als mein Exmann und ich mit dem Fahrrad durch die Straßen fahren. Nach einer Weile stellt sich ein richtiger Wolkenbruch ein und wir kehren zurück zum Haus. Beatrice erzählt mir, dass es Onkel Hans nicht so gut gehe. Die Eltern meines Exmannes sind nicht mehr da – das wundert mich. Oliver schraubt erneut an irgendetwas herum. Er ist total unbeteiligt an dem Geschehen um ihn herum. Ich habe das Gefühl, dass sich alle auf eine Beerdigung vorbereiten. Die Stimmung im Raum ist traurig, gedämpfte Gespräche. Es regnet. Es wird wenig gesprochen.

- Regen = unterdrückte Gefühle

- Beerdigung = es stirbt etwas, mit einem Verlust oder Gedanken auseinandersetzen und fertigwerden
- Onkel = Ersatz für eine Vaterfigur

Unbeteiligt an dem Geschehen um sie herum macht Ariane weiter. Im Außen und in ihrem Inneren stirbt etwas: Die Beziehung zu Arianes Lebenspartner, zu ihr selbst. Die Basis jeder Partnerschaft, die Liebe, ist verpufft. Ariane schaut ihrem Leben unbeteiligt zu, weil sie keine Kraft hat, zu kämpfen, sich weiter zu verbiegen. Die Leichtigkeit, die eine gute Beziehung ausmacht, war nie richtig da und das wenige, das vorhanden war, ist verschwunden. Ariane ist krank und realisiert es nicht.

Freitag, den 18. Januar 2008: Bereit für Veränderungen, bereit für einen Neuanfang?
Ich besuche meinen ehemaligen Kommilitonen und lieben Freund Laurenz. Laurenz freut sich sehr über meinen Besuch und zeigt mir seine Wohnung. Die Wohnung besitzt große Räume, die alle vollgestopft sind mit Möbeln. Ein Zimmer fällt mir dabei besonders auf, da es wie eine Lagerhalle oder eine Abstellkammer aussieht, in der große Möbel herumstehen. Die Möbel sind braun und unterschiedlich hoch. Das Zimmer ist nicht bewohnt, die Decke ist sehr hoch und überall sehr staubig. Wir machen die Tür wieder zu.
Während der Wohnungsbesichtigung überlege ich, wie es wohl bei seinem nächsten Umzug sein würde und wie aufwendig es

sein müsse, die Möbel und Gegenstände zu verstauen und zu transportieren.

Plötzlich sind ganz viele Menschen da. Sie verteilen sich auf zwei Räume. Ich bin in einem der zwei Räume. Wir spielen ein Spiel zusammen. Das Spiel besteht aus einem Kreis, in dem Kästchen sind, wie bei einem Kreuzworträtsel. Wir müssen Fragen beantworten. Ich wechsele den Raum, um zu sehen, was die andere Gruppe macht. Die andere Gruppe hat Spaß und es wird sehr viel gelacht. Sie haben den Namen einer Person erraten, und zwar Garcia.

- Räume = die Räume in uns, das eigene Potenzial, welches erfüllt werden will
- Besuch = Veränderung im zwischenmenschlichen Bereich
- Große, braune Möbel = versinnbildlichen die innere Haltungen, Ansichten, Einstellungen und Überzeugungen, die hier eher mit negativen Gedanken verbunden sind
- Umzug = Neuanfang; ich fühle mich in der aktuellen Situation nicht mehr wohl
- Lagerhalle/Abstellkammer = alte Ansichten, Einsichten sind nicht mehr relevant für das eigene Leben und abgestellt
- Gruppe von Menschen = kollektives Unterbewusstsein

Ariane will schon lange Veränderungen. Ihre Einsichten und Überzeugungen sind verstaubt, veraltet. Neue sind in dieser Familienkonstellation nicht möglich, denkt sie. Arianes Familie entspricht in Bezug auf die sozialen Gegebenheiten nicht ihren Wünschen. Der Traum bietet ihr keine Lösung an, aber er zeigt auf, dass es Zeit für einen Neuanfang ist. Ariane muss ihre Denkweise verändern und eine neue Sicht auf die eigene Lebenssituation bekommen.

Sonntag, den 20. Januar 2008 / Traum 1: Das Auf und Ab des Lebens

Der Zug fährt nach Lüneburg und ich steige in Uelzen um. Als der Zug in Uelzen hält, suche ich auf der An- und Abfahrtzeitenauskunft das Gleis, auf dem mein nächster Zug zur Weiterfahrt bereitsteht. Ich gehe zu Bahnsteig 8 und werde am Weitergehen gehindert, weil sich vor mir ein Hügel aus Geröllsteinen auftürmt. Auf dem Geröllsteinhügel sitzen Personen, die ebenfalls auf den Zug warten. Das Besteigen des Hügels erweist sich als sehr schwierig. Während des Gehens sinke ich immer wieder tief in das Geröll ein und versuche, mich dabei aufrecht zu halten. Plötzlich setzt sich eine Menschenmasse von links in Bewegung und wechselt den Bahnsteig. Der Zug mit der Nummer 8 fährt langsam an mir vorbei und ich sehe aus der Entfernung Menschenmassen, die beim Halt aus dem Zug aussteigen. Unter ihnen befindet sich eine Schaffnerin, die sich aufregt und über etwas ärgert. Ich frage sie, wann der nächste Zug fährt, ob überhaupt einer fährt.

Jede Stunde fährt einer und die Rückfahrt vom Ziel aus ist auch gesichert, allerdings geht der Zug erst sehr spät zurück.

- Zug = Persönlichkeitsentwicklung
- Nummer 8 = Auf- und Abwärtsbewegung im Leben; Potenzial, eine Chance im Leben
- Menschen = das kollektive Unbewusste

Wie der Traum zuvor zeigt ist es Zeit, etwas zu verändern. Ariane wird durch ihren Traum darauf hingewiesen, ein neues Ziel anzusteuern, zwischendurch Halt zu machen und nach einer Weile weiterzufahren. Es wird nicht immer leicht sein und manchmal wird sie nur mit Anstrengung weiterkommen; wesentlich ist, dass sie anfängt, ihren neuen Weg zu gehen und sich zu fragen, wer sie wirklich ist.

Sonntag, den 20. Januar 2008 / Traum 2: Am Ende eines Weges

Den Feldweg befahre ich auf der linken Spur. In der Mitte zwischen linker und rechter Spur stehen abgeerntete Erdbeerpflanzen. Ich weiß nicht, mit welchem Gefährt ich unterwegs bin, befürchte aber dennoch, dass ich einen platten Reifen bekommen könnte. Der Weg geradeaus führt mich durch Felder, auf denen das Getreide schon sehr hoch gewachsen ist und bald geerntet werden kann. Vor mir fährt jemand, wobei mir nicht klar ist, ob derjenige mir entgegenkommt oder vor mir herfährt.

- Platter Reifen = Es fehlt die Luft, die Energie, um auf meinem Lebensweg voranzukommen. Ist mir die Luft ausgegangen?
- Erdbeeren = gute Freundschaften
- Linke Spur = dem Leben entgegengesetzt fahren
- Wachstum, Getreide, Ernte = Lohn für die gute Arbeit bekommen

Ariane ist am Ende eines langen Weges. Die Veröffentlichung ihrer Dissertation steht kurz bevor. Die Luft ist raus, der Abschluss ist geschafft. Das Leben ist ein Automatismus geworden. Der Wechsel in ein Unternehmen steht bevor. Alleine, energielos und traurig geht sie ihren Weg, begleitet von der Angst, die sie noch immer regelmäßig spürt. Nähe und Freundschaft, die sie zu diesem Zeitpunkt so sehr bräuchte, sind in ihrer Partnerschaft nicht mehr vorhanden. Vielleicht ist ihr Lebenspartner nur ein Besucher in ihrem Leben, der sie ein Stück weit begleitet und irgendwann wieder geht.

Sonntag, den 27. Januar 2008: Das innere Kind
Ariane, ihr Lebenspartner und ein befreundetes Ehepaar sind im Kino. Uta steht mit dem Rücken zu Heinz, umarmt sich selbst und macht dabei einen runden Rücken. Heinz versucht, an sie heranzukommen, schafft es aber nicht. Es erweist sich als sehr schwer. Uta lacht über die linke Schulter und zieht sich immer mehr in sich zurück.

Lichtgespenster

- Uta und Heinz = Uta ist ein sehr verschlossener Mensch. Sie erzählt wenig, Intimität, bleibt generell an der Oberfläche und lässt tiefe Beziehungen nicht zu. Eine Weiterentwicklung ist nicht in Sicht. Auch von Heinz, ihrem Mann, schirmt sie ihr Inneres ab
- Lachen = gute Miene machen
- Links = emotionale Seite

Eine Lebenssituation ist entstanden, in der sich Ariane immer mehr zurückzieht. Wie ein Kind, das bockig und beleidigt ist, sich einsam und unverstanden fühlt, schirmt sie sich von der Außenwelt ab, sie will jedoch gesehen werden. Eine widersprüchliche Situation, die nicht der eines Erwachsenen, sondern der eines Kindes entspricht.

Dienstag, den 29. Januar 2008: Nur im Kopf – wo ist das Herz? Es sitzen sehr viele Kollegen von mir an einem Tisch. Jeder von ihnen hat etwas berechnet. Es sind ältere und jüngere Personen dabei, die Rechnungen auf Prozentbasis lösen. Ich rechne auch und bin ziemlich schnell fertig. Mein Ergebnis liegt zwischen 80 und 90 Prozent. Marina, meine Vorgesetzte, überprüft die Zahlen und lobt mich dafür, alles richtig gemacht zu haben. Nebenbei korrigiert sie eine andere Person, indem sie auf deren Blatt die Hälfte der Lösungen mittels eines Stiftes umkreist.

Der Vollzeitjob macht Ariane müde. Schon länger denkt sie darüber nach, die Stunden zu reduzieren. Ihre Gedanken kreisen ständig darum. Sie rechnet hin und her und versucht, mit der Idee mehr Geld zu verdienen, ein neues Arbeitszeitmodell zu entwickeln. Sie könnte ohne diese Änderung ihren Lebensstandard nicht halten, die monatlichen Kosten wüchsen ihr über den Kopf. Ariane entwickelt immer mehr Lösungen und findet für alle ein Für und Wider, sodass sie auch hier keine endgültige Entscheidung trifft.

Freitag, den 01. Februar 2008: Inneres Wachstum, den eigenen Weg gehen

Ein etwa 17-jähriger Junge steht in einem Zimmer. Er hat schwarz gelocktes Haar und Ähnlichkeit mit einem Afroamerikaner. Sein Verhalten wechselt zwischen dem eines Kindes und dem eines Erwachsenen. Auffallend sind seine voluminösen Lippen. Wir setzen uns beide auf ein blaues Sofa, als der Junge anfängt, Annäherungsversuche zu machen. Er zupft etwas unbeholfen an meiner Jacke. Ich frage ihn, wie alt er ist, aber er weicht der Antwort aus. Er erzählt mir, dass er eine Ausbildung gemacht hat, woraufhin ich ihn auf etwa 20 bis 23 Jahre einschätze. Ich gehe ans Fenster und sehe, dass es vom Himmel einfarbige Bälle regnet. Vor der Tür liegt ein ganz besonders schöner Ball. Der Ball ist bunt und hat die Grundfarbe grün. Ich mache die Tür auf und gehe hinaus.

- Ball = Ganzheit, eigene Individualität ganz werden lassen

Lichtgespenster

- Die Farbe Grün = Hoffnung, Wachstum, Empfindungen, ein neues Leben

Manchmal fehlt es Ariane an Reife, Entscheidungen zu treffen. Täglich strukturiert sie, ordnet und wägt ab. Dann fehlt ihr oft der Mut, ihre Ideen wirklich umzusetzen. Sie zweifelt und denkt, nicht die richtige Entscheidung treffen zu können. Im Hinblick auf die Reduzierung ihrer Arbeitszeit blockiert sie sich selbst. Die Schmerzen auf der rechten Körperseite sind weiterhin präsent. Es ist kein leichtes Spiel, das Leben. In jedem Augenblick ist es wesentlich, für sich zu überprüfen, ob der Lebensweg noch die richtige Richtung hat. Manchmal liegt der richtige Weg schon vor uns. Es ist dann wichtig, die Tür zu öffnen und diesen Weg einfach zu gehen. Genau dann sind Erfahrungen und dadurch Wachstum möglich.

Samstag, den 02. Februar 2008: Entwicklung reiferer Abwehrmechanismen

Jeden Freitag habe ich einen Massagetermin bei Herrn Wagner. Ich liege bis auf den Slip unbekleidet auf der Massageliege, während Herr Wagner Handtücher zusammenlegt und mir erzählt, wie schlecht es ihm gehe. Er jammert über seine aktuelle Situation und weiß gar nicht, wie er das alles bewältigen solle. Ich höre mir sein Gejammer eine Weile an und frage ihn dann, wie er meint, seine Lage verändern oder verbessern zu können. Daraufhin antwortet er: „Es würde mir schon besser gehen, wenn Sie mit mir schlafen würden." Dabei schaut er hoch und grinst mich an. Meine Reaktion darauf ist Fassungslosigkeit. Ich springe von der Liege und halte dabei schützend ein Handtuch vor meinen Busen. Dabei mache ich ihm klar, dass das wohl die größte Frechheit sei, die ich je gehört hätte. Ich bitte ihn, mir die bisher geleisteten Massagen in Rechnung zu stellen, und sage, dass er mich ab jetzt nie wieder sehen würde.

In den Träumen spiegelt sich ein gewisses Maß an Lebensuntüchtigkeit wider. Die aktuellen Probleme liegen klar auf der Hand, aber anstatt diese zu lösen, beschäftigt sich Ariane mit eher unwesentlichen Dingen. Die Lösung ist die Ablenkung, die nichts mit dem Problem zu tun hat. Ein Ohnmachtsgefühl breitet sich aus, so als sei Ariane situationsbedingt handlungsunfähig. Zu einem späteren Zeitpunkt ist es ihr oft klar, wie eine erwachsene Reaktion hätte aussehen können. Aus dieser Ausweglosigkeit entsteht ein *Angriffsmodus,* der sich in Situationen niederschlägt, die nichts mit der auslösenden Situation zu tun haben. Der Traum zeigt auf, dass eine Art von Reifestörung vorliegt, die in reifere Abwehrmechanismen und konstruktive Kommunikation umgewandelt werden muss.

Sonntag, den 03. Februar 2008: Perfektionismus führt zu Unzufriedenheit

Im Eingang einer Praxis für Krankengymnastik türmen sich Kisten. Als ich hineingehe, denke ich eher an eine Lagerhalle als an eine Praxis. Ein Mann ist dort: groß, schlank, schlaksig, mit sehr langen Armen. Meine Krankengymnastin steht mit einer fremden Frau weiter hinten an einem Kartonstapel. Beide amüsieren sich köstlich und küssen sich auch leidenschaftlich. Kurz darauf kommt meine Krankengymnastin auf mich zu und ermutigt mich, Karatetechniken vorzumachen. Sie setzt sich dem Kartonstapel gegenüber und schaut mir zu. Plötzlich sind dort sehr viel mehr Menschen, als ich erwartete. Der schlaksige Mann steht direkt vor mir. Ich mache mit ihm zusammen Karateübungen, wobei er sich sehr ungeschickt anstellt. Ich bin genervt, weil er das nicht so gut kann. Deswegen helfe ich ihm dabei und nehme seine Hand. Dabei bemerke ich, dass ich Leberwurst in der Hand habe. Es ist eklig, schmierig und riecht unangenehm. Ich positioniere die Hand des Mannes so, dass ich mit ihm zusammen eine saubere Karatetechnik ausführen kann. Das Publikum jubelt.

Ariane wird ziemlich schnell ungeduldig, wenn nicht alles so läuft, wie sie es sich vorstellt. Ihr Perfektionsanspruch ist sehr hoch und sie versucht, andere Menschen manchmal so umzubiegen, dass sie ihren Ansprüchen genügen. Auch sie verbiegt sich, um ihren Ansprüchen zu genügen. Trotz hoher alltäglicher Belastung geht sie weiterhin zum Karatetraining und powert sich aus. Ihre Sorgen und ihr tägliches Grübeln sind dadurch für eine Weile beruhigt.

Dienstag, den 12. Februar 2008: Musik und Bewegung ist Arianes Leben

Der Deutschunterricht findet in einem Klassenzimmer im Wald statt. Das Mobiliar besteht aus Holzbänken und -tischen. Der Vertretungslehrer ist sehr nett, völlig unkompliziert. Ich kann viel von ihm lernen. Er ist jung, dynamisch und hat eine frische, fröhliche Ausstrahlung. Der Lehrer macht mit uns Lockerungsübungen und animiert uns zum Tanzen und Singen.

Bis auf eine Frau sind alle aus dem Klassenzimmer gegangen. Ich versuche, meine Turnschuhe anzuziehen und bemerke, dass sie voller Sand sind. Das Anziehen der Turnschuhe erweist sich als schwierig. Die Frau erzählt von dem Deutschlehrer, es machte auch ihr richtig Spaß, von ihm unterrichtet zu werden.

- Lehrer = männliche Autoritätsperson; Animus?
- Klassenzimmer = was ist Ariane bereit zu lernen?
- Frau = Schatten in einer Frau, nicht integrierte Persönlichkeitsanteile

Musik und das Tanzen sind zwei Leidenschaften, die in Ariane eine unbändige Lebenslust verursachen. Arianes Leben ist auf Sand gebaut, es ist kein fester Untergrund unter ihren Füßen, dies betrifft ihre gesamte Lebenssituation. Trotz allem macht sie so weiter wie bisher.

Würde Ariane tief in ihr Unterbewusstsein gehen und auf ihre innere Stimme hören, so hätte sie den besten Lehrer der Welt.

Lichtgespenster

Das Unterbewusstsein ist ein Wegweiser, der ziemlich genaue Instruktionen dafür gibt, in welche Richtung wir uns bewegen sollten, um zu erfahren, wer wir eigentlich sind.

Mittwoch, den 13. Februar 2008: Der Schlüssel in ein neues Leben ist in mir

Zusammen mit Anne plane ich eine Flugreise. Wir überlegen, noch einmal nach Fuerteventura zu fliegen. Als wir davon erzählen, habe ich ein warmes, goldgelbes, weiches Bild von einem kleinen 5-Sterne-Hotel vor Augen, welches die richtige Entspannung für mich bietet. Anne ist begeistert, erneut an diesen Ort zu fahren, ich habe aber eher Gran Canaria im Kopf und schaue zum Himmel hinauf, wo gerade ein Flugzeug vorbeifliegt.

Plötzlich steht ein Mann vor mir, dem ich gelegentlich begegne. Er ist Alkoholiker, steht oft an einem Einkaufszentrum herum und trinkt sehr viel Bier. Er will uns nun Ratschläge darüber geben, wohin wir fliegen sollen. Wir nehmen die Ratschläge nicht an und ich gehe in ein anderes Zimmer. Das Zimmer befindet sich in meiner ersten, kleinen Wohnung in Fallersleben. Die Wohnung sieht viel heller aus, als ich sie in Erinnerung habe. Ich schließe die Tür hinter mir zu. Die Tür hat ein Glasfenster, durch das man von außen nicht hineinschauen kann. Ich denke mir in diesem Moment den Schlüssel betrachtend, dass diese Tür ganz leicht aufgebrochen werden könne. Man müsse nur die Glasscheibe einschlagen und könne dann durch das entstandene Loch den Schlüssel drehen und die Tür aufschließen.

- Alkoholiker = der Benebelte, geistig nicht vollständig im Jetzt, nicht objektiv
- Glasscheibe = eine Barriere

Nach innen zu gehen und auf die inneren Wegweiser zu hören, ist schwer. Viel zu oft sind wir von äußeren Einflüssen abgelenkt. Oft lenken wir unsere objektive Aufmerksamkeit auf die gut gemeinten Ratschläge anderer, anstatt zu beobachten, wie die Welt wirklich aussieht, insbesondere wenn wir Angst haben, etwas zu verändern. Dabei ist es ganz einfach, die Tür aufzumachen und den Schritt hin zu einem selbstbestimmten Leben zu machen. Die unsichtbaren Barrieren sind leicht zu durchbrechen. Ariane kann jederzeit etwas ändern – hier und jetzt. Sie muss es nur tun.

Dienstag, den 19. Februar 2008: Hoffnung auf ein neues Leben
Wir stehen kurz vor dem Umzug in unsere neue Wohnung. Wir haben alle Freunde zu einem bestimmten Termin bestellt. Vor diesem Termin sind mein Lebensgefährte und ich in die neue Wohnung gefahren. In der Wohnung ist eine Theke. Freunde und Familie schmücken einen Teil unserer Wohnung und bereiten Essen vor. Ich habe das Gefühl, wir seien im Keller. Es sieht alles sehr festlich aus. Wir sprechen kurz mit Theo, der dann telefonieren muss. Es geht um einen Termin und ich denke, der Termin wäre schon gewesen, aber der Termin liegt

noch in der Zukunft. Ich sehe einen roten Luftballon, der in der Luft schwebt, aber angebunden ist.

- Termin = Erstarrung in fixen Ideen
- Luftballon = einen Luftballon fliegen sehen; die Hoffnung nicht verlieren, aber sich auch keiner Illusion hingeben
- Rot = Energie, Kraft, Leidenschaft

Ariane möchte ihrem damaligen Kreis von Freunden und Familie entfliehen. Sie fühlt sich nicht mehr wohl. Immer noch gefangen in fixen Ideen, ist Ariane bewegungsunfähig geworden. Momentan steht der Umzug in eine neue Wohnung an, damit ist die Hoffnung verbunden, dass sich ihr Leben doch noch zum Guten wendet. Sie fragt sich, ob sie sich nicht selbst etwas vormacht, sich einer Täuschung bzw. Illusion hingibt.

Freitag, den 22. Februar 2008: Der Spiegel der Seele
Ein riesiges Augenpaar schaut auf mich herab. Die Augen sind blau und haben Tränensäcke. Es sind die Augen einer Kollegin.

- Augen = der Zugang zur Seele
- Blau = Harmonie, innerer Frieden, Spiritualität

Die Augen sind der Zugang zur Seele. Wie sehe ich die Welt und wie nehme ich diese wahr? Die Gesamtmenge der Erfahrungen prägen die Sichtweise auf die Welt, auf Situationen. Arianes Kollegin spielt eine wesentliche Rolle. Sie trägt ständig eine Maske und versteckt ihr wahres Selbst dahinter. Ihre unterdrückten Gefühle sind in der Unbeweglichkeit ihres Gesichts zu sehen. Sie lacht wenig, ist falsch und hinterhältig und hat das einzige Ziel, Ariane schlecht dastehen zu lassen, um selbst ins Licht zu rücken. Anstatt durch Ariane zu leuchten, stellt sie ihr Hürden in den Weg. Wie sieht Ariane die Welt? Ähnlich wie ihre Kollegin? Was unterscheidet Ariane von ihr?

Sonntag, den 24. Februar 2008: Das Sonnenscheinchen
Jennifer Aniston sitzt nackt mit angewinkelten Beinen in einer Badewanne ohne Wasser. Ihre Haut ist braun gebrannt und insbesondere von den Knien abwärts alt und schrumpelig. Ihre Haare verdecken die linke Gesichtshälfte. Eine Person sitzt mit dem Rücken zu ihr auf dem Badewannenrand.
Ein plötzlicher Szenenwechsel zeigt Jennifer Aniston wieder jung und attraktiv, so wie sie heute aussieht.

Die Haut ist das größte Organ unseres Körpers. Es ist die Grenze zwischen Innen und Außen, zwischen dem, was andere von einem sehen, und dem, was wir im Inneren verstecken. Im Inneren leidet Arianes Seele, sie ist gestresst. Ariane fühlt sich alt und müde. Nach außen ist sie der ewige Sonnenschein, immer darauf bedacht, andere glücklich zu machen. Eine Rolle, die sie gut spielen kann.

Lichtgespenster

Donnerstag, *den 28. Februar 2008: Schwellensituation*

Es ist Sommer und ich möchte schwimmen gehen. Zielstrebig gehe ich auf einem mit Gras bewachsenen Damm entlang. Das Gras ist saftig, grün und frisch. Überall liegen Menschen auf Decken und Handtüchern herum. Ich frage eine Frau, ob es noch weit sei. „Nein", sagt sie. Es gebe auch noch Liegeplätze weiter hinten. Ich bräuchte nur geradeaus zu gehen. Sie bietet mir eine grüne Apfelhälfte an, die am Kerngehäuse braun aussieht. Ich lehne sie ab, obwohl die Frau es gut mit mir meint. Die Frau hat ein freundliches, offenes Gesicht und trägt eine silberfarbene Brille, die aber nicht wirklich zu ihrem Aussehen passt. Mir fällt ein dickbäuchiger Mann auf, der in Badehose auf dem Damm liegt und sich bräunt. Mir gefällt der Platz hier auf dem Damm und ich gehe duschen. Plötzlich weiß ich, dass es noch nicht der richtige Zeitpunkt ist, höre auf zu duschen und gehe den Damm entlang weiter in Richtung Schwimmbad.

Eine gute Zeit kommt, ein Übergang steht bevor. Die Veröffentlichung der Dissertation ist bald geschafft – die anstrengenden Jahre sind vorbei und es ist bald Zeit, die Ernte einzufahren. Ist es Zeit, neue Ideen und Vorhaben anzusehen und die ersten Schritte zu wagen? Welche Themen haben besondere Relevanz? Der Beruf, die Partnerschaft, das Privatleben? Nein, die Zeit ist noch nicht reif, es ist noch nicht der richtige Zeitpunkt, neue Vorhaben anzugehen. Es ist erst einmal besser, in der Masse zu verschwinden, etwas abzuschließen und auszuruhen. Eine Übergangszeit, in der Geduld die wahre Tugend ist.

Sonntag, den 09. März 2008: Das Wissen des Lebens ist in mir Eng umschlungen halte ich einen Stapel Akten und Bücher vor meiner Brust und laufe in einen großen Raum. Ich ducke mich etwas, damit ich zwischen den Menschen in diesem Raum nicht auffalle. Ich sehe mich um und sehe nur männliche Studenten, ich bin im falschen Raum. Schnell drehe ich mich um und gehe zurück in eine Halle. Links von mir geht eine Treppe nach oben und endet auf einer Galerie. Dort sehe ich zwei Personen, die ich kenne. Mir ist sofort klar, wenn ich diesen beiden Personen folge, komme ich an den richtigen Ort – den Marktplatz. Jetzt fühle ich mich sicher und weiß, dass ich dazugehöre. Ich gehe die Treppe hinauf.

- Akten, Bücher = das Wissen in uns
- Raum = ein Persönlichkeitsanteil unseres Wesens
- Zwei = Zweifel

Eng umschlungen hält Ariane das notwendige Wissen in den Händen, ohne sich dessen bewusst zu sein. Sie sucht immer wieder im Außen einen Ort, an dem sie sich sicher und geborgen fühlt. Menschen, die ihr fremd sind, beängstigen sie. Sie folgt den Menschen, die sie kennt und an denen sie sich orientieren kann. Dabei fühlt sie sich nie richtig dazugehörig. Sie fühlt sich nie wie sie selbst. Immer im Zweifel, doch nicht den richtigen Ort gefunden zu haben.

Lichtgespenster

Mittwoch, den 12. März 2008: Der innere Raum, das Selbst

Eine Freundin von mir benötigt eine kleinere Wohnung. Wir besichtigen eine Dreizimmerwohnung und ich bin ganz verwundert, wie aufgeräumt die Wohnung ist. Die Zimmer sind gemütlich eingerichtet. Die ganze Wohnung ist lichtdurchflutet. Als ich die Wohnung betrete, sind die Fenster weit geöffnet und ich bin positiv überrascht, dass die Wohnung auch einen Balkon hat.

- Wohnung = das sind wir selbst, Sinnbild des eigenen Lebensbereichs
- Balkon = was möchte ich von einem sicheren Ort aus beobachten?

Jeder Mensch findet seinen Halt und seine Sicherheit in sich selbst. Das Innere ist voller Licht. Es ist das Selbst, das dort strahlt. Zweifel lassen uns diesen Ort oft nicht finden. Doch er ist da. Dort kann sich jeder sicher und zu Hause fühlen. In uns selbst, sind die Antworten auf all die Fragen, die wir haben. Hier finden wir unser Glück. Das gilt auch für Ariane.

Donnerstag, den 13. März 2008: Das innere Zuhause

Mainz ist eine sehr schöne Stadt. Ich war noch nie in Mainz. Ich stehe in einem Park und betrachte seine Weitläufigkeit. Der Park ist sauber, alles ist grün und menschenleer. Ich habe ein Sonntagmorgengefühl, alles ist ruhig. Die Straße entlang rechts sehe ich ein großes Tor wie das Holstentor in Lübeck. Auf der linken Seite befinden sich Geschäfte, einige Autos fahren auf der Straße. Die Sonne scheint und der Himmel ist blau.

- Mainz = wie es singt und lacht, Landeshauptstadt
- Park = Ruhe und Ausgeglichenheit finden
- Holstentor in Lübeck = Tor bedeutet Bewusstseinsveränderung

An diesem für Ariane noch unbekannten Ort ist alles ruhig. Ariane hat von diesem Ort gehört, sie ist aber noch nie dort gewesen. Der Weg dorthin ist ihr unbekannt. Aber es gibt ihn. Wie kann sie dorthin finden? Wie kann sie sich selbst finden? Es ist wirklich wunderschön dort.

Mittwoch, den 19. März 2008: Wissen ist Macht?
Ariane fährt mit ihrem Auto in eine Einbahnstraße als plötzlich ihre Bremsen versagen. Sie überlegt, ob sie noch nach Hause kommt und denkt dabei: „Mein Lebensgefährte würde das sicherlich wollen.“ Rechts von ihr ist ein Parkplatz. Sie schafft es aber nicht, dort anzuhalten, sondern fährt direkt auf einen Fußweg und hält dort. Links neben ihr hält ein Transporter, aus dem Handwerker aussteigen. Sie wollen wahrscheinlich in das Haus gegenüber. In dem Haus geht die Haustür auf und ein ihr bekannter Wissenschaftler kommt heraus. Er bittet die Handwerker, einen Moment zu warten und kommt dann auf Ariane zu. Herr Wegener steht plötzlich fast in Arianes Auto und kommt mit seinem Körper durch die Frontscheibe. Er sagt ihr, dass in ihrer Dissertation Fehler seien und diese Fehler

Folgen haben würden. Für einen kleinen Augenblick ist sie eingeschüchtert, antwortet dann aber selbstbewusst, dass der Inhalt der Arbeit und die Ergebnisse mit sehr gut bewertet wurden. Herr Wegener kontert, dass er zwei kleine Fehler gefunden habe. Ariane verteidigt sich aber sofort und sagt, dass die Arbeit deswegen nicht mit Auszeichnung beurteilt worden sei.
Herr Wegener sieht anders aus als in der Realität. Sein dunkles Haar umgibt eine Halbglatze. Seine Zähne passen nicht zu seinem Äußeren, er beißt sie zusammen, sie sind grau schattiert. Die Lippen grinsen um die Zähne herum. Seine Augenbrauen sind auffällig buschig.

Arianes Zweifel an der eigenen Kompetenz verstärken sich. Ariane lässt sich durch kompetente Menschen wie Herr Wegener verunsichern. Sie lässt es zu, dass sie kritisiert wird und Fehler gefunden werden, die es eigentlich nicht gibt oder die jeder Mensch haben darf. Viel zu abhängig ist sie von äußeren Meinungen, ihr Einfluss verunsichert sie. Dadurch entsteht ein Bedürfnis, sich immer zu verteidigen.

Samstag, den 22. März 2008: Schatten und inneres Kind = eine liebevolle Beziehung
Ich bin mit einer Freundin zum Essen verabredet und steige in den Zug. Für die einzelnen Teilstationen muss ich mehrere Fahrkarten ziehen. Der Grund für die vielen Fahrkarten liegt in meinem Ziel, dem Osten, der ehemaligen DDR. Für die

Rückfahrt benötige ich genau eine Fahrkarte, eine sogenannte Zonenfahrkarte. Gerade als ich die Rückfahrkarte bei der Schaffnerin kaufe, steigt eine Frau dazu, deren Sohn ich beschimpfe und in seine Schranken verweise. Als ich damit fertig bin, sehe ich, dass er keine Beine hat. Ich bekomme ein schlechtes Gewissen. Eine Frau, die rechts neben mir sitzt, erklärt mir, wie ich mit solchen Kindern umzugehen hätte. Mein schlechtes Gewissen verstärkt sich. Plötzlich steht das Kind auf, es hat doch Beine.

- Fahrkarte = räumliche Veränderung, Kraft und Energie, um sich auf den neuen Lebensweg zu machen
- Sohn = männliche Anteil des Selbst
- Beine = Bewegung, Vorankommen, was unterstützt uns dabei?

Es ist nicht immer alles so, wie es scheint. Jeder Mensch sieht die Welt anders, nämlich so, wie seine Glaubenssätze es zulassen. Haben wir die Erfahrung gemacht, dass die Welt blau ist, so sehen wir sie blau. Es kann jede beliebige Farbe sein. Ein liebevoller Umgang mit uns selbst ist die Grundvoraussetzung für eine liebevolle Beziehung mit uns und anderen. Die Verletzungen, die wir möglicherweise in der Kindheit erfahren haben, sind in unserem inneren Kind *versammelt*. Die Fehler, die wir machen, die Probleme, die wir haben, sind die Probleme oder Geschenke auf unserem Lebensweg. Je nachdem, ob wir sie als Probleme oder Geschenke definieren. Ariane kann sich für die vergangenen

Lichtgespenster

Probleme kritisieren, stehenbleiben, erstarren, sich dafür bestrafen oder neugierig und selbstbewusst darauf zugehen. Der eigene Schatten und das innere Kind können in liebevoller Weise zusammen existieren, wenn wir ihnen in uns eine Existenzberechtigung geben.
Ariane muss sich die Frage stellen: „Wie geht es weiter? Wie komme ich voran?

Samstag, den 22. März 2008 – ein weiterer Traum: Kopie und Original
Das Restaurant, das ich mir anschaue, ist sehr klein. Es schmiegt sich zwischen mehrere Häuser, die es irgendwie beschützen. Die Häuser sind unscheinbar, das Restaurant aufgrund seines Namens und seiner Farbe ist dagegen sehr auffällig. Die Menschen darin passen nicht zu der Außenfassade. Jemand erzählt mir, dass es dieses Restaurant noch in einem anderen Stadtteil gebe. Der Stadtteil mit all seinen Straßen, Häusern, Restaurants sei dort identisch wiederzufinden. Ich fahre mit dem gleichen Zug, der mich auch in den Osten, in die ehemalige DDR, gebracht hat, in diesen Stadtteil. Ich setze mich in das Restaurant und warte. Ein Mann setzt sich zu mir, ich wundere mich darüber. Er isst und erzählt mir von dem Stadtteil, der genauso aussieht, wie der, in dem wir uns gerade befinden. Er sagt mir, dass dort alles identisch sei und man sich gut zurechtfände.

- Restaurant = zu einer Gruppe von Menschen dazu zu gehören

- Osten = Auseinandersetzung mit geistig, seelischen Erfahrungen

Viele Menschen sind auf der Suche nach ihrer wahren Identität. Sie passen sich im Äußeren an und funktionieren. Für viele ist es schwierig, das eigene Wesen zu leben. Sie habe Angst, die vielen Geschenke/Probleme auf ihrem Weg zu sehen und sie anzunehmen, sich der Energie und den Gefühlen, die frei werden, zu stellen. Oft kopieren wir andere, weil wir so sein möchten wie sie. Anstatt nach innen zu gehen, suchen wir unsere wahre Identität im Außen. Das Ergebnis ist die Kopie eines anderen, der vielleicht selbst eine Kopie ist. Wir funktionieren und gehen einen ähnlichen Lebensweg wie andere Menschen. So finden wir uns im Außen zurecht, werden angenommen und akzeptiert. Wir *passen* in die Gruppe.

Die Seele will aber ihr eigenes Leben leben. Dadurch fühlt sich der Mensch oft anders, ausgeschlossen, nicht dazugehörig. So sehr Ariane versucht, dazuzugehören, um so mehr spürt sie den inneren Druck, es nicht zu tun. Andere Menschen geben ihr eine Art von Sicherheit im Außen, die das Gefühl im Inneren hervorruft, doch nicht dazuzugehören.

Dienstag, den 28. März 2008: Unabhängigkeit und Freiheit

Ich träume, mit einem guten Freund von mir als Paar zusammen zu sein. Zusammen mit ihm habe ich das Gefühl von Unabhängigkeit und Freiheit. Wir beiden können uns frei bewegen und hinziehen, wo auch immer es uns hintreibt. Wir überlegen uns, in eine Stadt zu ziehen, die wir beide noch nicht so gut kennen, wo wir noch nie gewohnt haben. Zürich kennt Laurenz schon und so entscheiden wir uns für Hamburg. Plötzlich komme ich in die Realität zurück und ein Schreck durchfährt meinen ganzen Körper – ich habe ja zwei Kinder.

Freiheit und Unabhängigkeit sind Grundbedürfnisse eines jeden Menschen. Ähnlich wie ihre Mutter projiziert sie die nicht gelebte Freiheit und Unabhängigkeit auf ihre Kinder und denkt, dass sie dadurch nicht so leben könne, wie sie es gerne möchte. Ein Trugschluss, den dieser Traum auflösen möchte. Anscheinend verbindet Ariane Freiheit und Unabhängigkeit wieder mit dem Äußeren, mit dem sozialen Umfeld, mit den Menschen in ihrem Leben. Sie fühlt sich angekettet und erkennt nicht, dass sie sich selbst die Freiheit und Unabhängigkeit nicht zugesteht. Es ist ihr Weg zu erkennen, dass alles – Menschen und Situationen – unabhängig voneinander existieren darf.

Donnerstag, den 27.03.2008: Aus der Komfortzone aussteigen
Die Großstadt, in der ich mich befinde, fühlt sich an wie New York und ist so hügelig wie San Francisco. Die Straßenbahn, in der ich mitfahre, ist gut gefühlt. Ich habe keinen Sitzplatz bekommen und stehe. Die Straßenbahn hält und ich überlege, auszusteigen. Allerdings bin ich mir nicht sicher, ob das der richtige Platz ist. Der Platz ist sehr lebhaft mit vielen

Geschäften. Ich bleibe in der Straßenbahn und fahre weiter. Die Gegend wird ruhiger. Die nächste Haltestelle wird angekündigt. Es wird nicht nur der Name der Station genannt, sondern zusätzlich darauf hingewiesen, dass dieser Ort ein Drogen- und Prostituiertenviertel sei. Mir ist klar, dass ich zu weit gefahren (gegangen) bin.

Ein Schaffner kommt und kontrolliert die Fahrkarten. Ich suche mein Ticket und bin mir sicher, dass ich es in die rechte Jackentasche getan habe. Ich gebe es dem Schaffner, der mich darauf hinweist, ich hätte 5 Cent mehr bezahlen müssen. Die Straßenbahn hält, mir ist ganz unheimlich.

Ich steige in einen Bus um, den eine sehr junge Frau lenkt. Der Bus steht auf einem Berg, von dort geht es steil bergab. In mir kommt die Angst, ein flaues Gefühl wie bei einer Achterbahn hoch. Ich bin überrascht, wie vorsichtig die Frau den Bus den Berg hinunter lenkt. Der Bus fährt auf eine extreme Linkskurve zu und es kommt mir so vor, als ob wir in einem Parkhaus wären.

Rechts von mir sehe ich einen großen, blonden und schlanken Mann stehen. Er sieht aus wie ein Gangster oder Drogendealer und steckt gerade seine Waffen in das entsprechende Halfter an seinem Motorrad. Als der Bus an ihm vorbeifährt, begegnen sich unsere Blicke. Dabei bedroht er mich, indem er mir sein Gewehr entgegenstreckt wie in Filmen, wo dadurch klar gemacht wird, dass man verschwinden soll. Wir fahren durch die Linkskurve weiter und ich steige aus.

Plötzlich sitze ich in einem Auto, in dem ich Drogen finde. Ich weiß, dass mein Bruder Drogen verkaufen will. Ich will die Drogen verschwinden lassen, als mein Bruder auf mich zukommt. Ich versuche, meinen Bruder abzulenken, sodass er nicht sieht, was ich vorhabe. Dafür spanne ich einen Regenschirm auf und zerbröckele einen Muffin, den ich hochhalte und dabei lache.

- New York = Stadt der unbegrenzten Möglichkeiten
- Straßenbahn = kollektives Vorankommen auf einem festgelegten Weg
- Fahrkarte/Ticket/Fahrschein = räumliche Veränderung, Kraft und Energie, um sich auf den neuen Lebensweg zu machen
- Bus = flexibles, gemeinsames Vorwärtskommen
- Großer, blonder Mann = Animus
- Motorrad = individuelle Fortbewegung, schnell
- Auto = Ariane

Das Leben hält für uns alle unbegrenzte Möglichkeiten bereit. Ariane ist auf einer Reise, auf der sie nicht glücklich ist. Sie wagt nicht, auszusteigen. Vorsichtig bewegt sie sich durch das Leben und hat dabei Angst, etwas zu verändern. Routine und Tagesablauf gestalten ihr Leben. Ihr Tagesablauf besteht oft nur aus funktionieren. Jedes Detail während eines Tages hat seinen Platz. Immer wieder steigt sie um und wechselt das Fahrzeug. Alleine oder zusammen mit anderen.

Im Leben etwas riskieren, mal gegen die Regeln verstoßen, aussteigen, dem Leben wieder einen Sinn geben, Neues probieren und es andere auch wissen lassen, dass ist leben, das ist das Leben.

Freitag, den 28.03.2008: Ein See voller Gefühle ist in mir – lass sie frei
Die Szene spielte an einem kleinen Teich, in dem Fische schwimmen. Unzählige Ostereier in verschiedenen Farben liegen um den Teich herum. Die Exfreundin von Mark, Sabine, ist am See und hat ein Ei in der Hand, das sie zerdrückt. Das Eigelb ist deutlich sichtbar und fließt aus der Hand auf den Boden.
Hunde laufen um den Teich herum. Sie sind alle vom selben Typ, haben kurzes, beiges Fell und sind freundliche Gesellen. Sabine steht plötzlich mit dem Rücken zu mir nackt auf der anderen Seite des Sees. Die ganze Szene konzentriert sich auf den Rücken. Der Rücken ist glatt, sieht sehr schön aus und hat keine auffälligen Muskeln. Sabine hockt sich hin und beschäftigt sich mit irgendetwas.

- See = ein See voller Gefühle
- Eier = Was soll geboren bzw. entfaltet werden?
- Nacktheit = Was dürfen andere von mir sehen?
- Rücken = Vor was habe ich Angst? Was spielt sich hinter meinem Rücken ab?

Durch das tägliche Funktionieren nimmt Ariane oft ihre Gefühle nicht mehr war. Gefühle sind die Kraftquelle des Lebens und wollen zur Entfaltung kommen. Sie können, wenn man sich ihrer bewusst wird, das Leben lenken. Sie sind die Quelle von Potenzial und Chancen. Allerdings nutzt Ariane das Potenzial nicht, sondern unterdrückt die Gefühle. Nach außen hin ist sie stark und unbesiegbar. Sie zeigt, wie leicht es ist, all die vielen Dinge wie Hausbau, Dissertation und fürsorgliche Kindererziehung gleichzeitig zu bewerkstelligen. Die Verstrickung mit dem Außen ist so stark, das wenig Zeit bleibt, sich über die eigenen Gefühle klar zu werden.

Samstag, den 29.03.2008: Meine Gefühlswelt, die mich lenken will

Heute Nacht hatte ich einen so wunderschönen Traum. Alles war so harmonisch und voller Liebe. Stefan und ich haben miteinander geschlafen. Die Begegnung war voller Wärme und Leidenschaft, sodass ich nach dem Aufwachen noch immer voll von diesem Gefühl bin. Dabei ist es nicht der Mensch Stefan, sondern eine Eigenschaft von ihm, die mich magisch anzieht. Stefan hat Ruhe und Gelassenheit, Zurückhaltung und Sensibilität, er strahlt sie aus. Dabei ist er ein richtiger Mann. Im Traum lehne ich mich an ihn. Dabei fühle ich mich geborgen und beschützt. Er nimmt mich in die Arme. Mein Körper ist noch immer voll von diesem Gefühl. Er küsst mich leidenschaftlich, sodass ich jetzt noch immer die zarten Berührungen seiner Lippen spüre und die Zunge, wie sie zärtlich meine streichelt. Alles ist so voller Leidenschaft. Im Traum sehe ich intensiv eine Hand von ihm, die sich gefühlvoll erhebt und mich streichelt. Ein wunderbarer Traum, aus dem ich nicht aufwachen will.

Ein unglaubliches Potenzial an Gefühlen steckt in Ariane. Ruhe, Gelassenheit, eine zarte Zurückhaltung und Sensibilität sind ihre vorherrschenden Gefühle. Geht sie ihren Weg, so kann sie eine unbändige Leidenschaft für das entwickeln, was sie macht. Gefühle sind ein enormes Potenzial, um wirklich am Leben teilzunehmen und das eigene Leben zu leben. Gefühle lassen das Leben zu. Der Traum zeigt die Summe der Gefühle, die in Ariane vorherrschen, die sie aber nicht lebt.

Dienstag, den 01. April 2008: Alles ist möglich – fang an
Meine Tochter hat Geburtstag und ich versuche, ihre Geschenke vor ihr zu verstecken. Ein Geschenk ist eine Schale mit Vanille-Eis. Ich drehe die Schale Eis so, dass sie das Sahnehäubchen in der Mitte vom Eis nicht sieht. Dabei versuche ich auch, meine aufkommenden Gefühle hinter der Eisschale zu verstecken. Meine Tochter und ich gehen weiter zu einem Spielzeugladen und dabei überlege ich, was ich ihr schenken könnte. Meine Tochter bleibt draußen stehen, ich gehe hinein. Ich weiß noch immer nicht, was ich ihr schenken soll. In einem Regal liegt ein kleines Puppenset mit Schnuller, Flasche etc. für die Babypuppe. Allerdings ist keine Schnuller-Kette dabei, wie sie sich eine gewünscht hat. Eine Verkäuferin möchte mir bei der Auswahl helfen, mir fällt aber kein Geschenk ein.

- Geburtstag = Neubeginn, Wendepunkt

Lichtgespenster

- Tochter = Es ist noch viel Entwicklung möglich

Zu dieser Zeit scheinen Gefühle und Arianes inneres Selbst im Vordergrund zu stehen. Ihre Gefühle versteckt sie sogar vor Menschen, die ihr nahe sind. Sie kann sich nicht für ein klares Ja für etwas oder ein Nein gegen etwas entscheiden.
Ariane steht an einem Wendepunkt. Sie zieht in ein neues Haus, in eine neue Gegend. Ihre Dissertation ist fertig und veröffentlicht. Ihr Berufsleben strukturiert sie um. Der Bau des Hauses symbolisiert für sie einen Schritt, der für Ankommen und Leben steht. Alles, was sie sich je wünschte, scheint in Erfüllung gegangen zu sein. Aber es fühlt sich noch immer nicht echt an. Ein Gefühl von gedanklicher Abwesenheit, Unentschlossenheit, Freudlosigkeit stellt sich immer wieder ein. Ariane fühlt sich verloren und unbeholfen. Lustlosigkeit kommt hoch.

Donnerstag, den 03. April 2008: Was ist der Sinn des Lebens?
Ich möchte in eine Erdgeschoßwohnung umziehen. Zurzeit wohnt dort eine Frau, die in eine Wohnung mit Balkon umziehen möchte.
Das erste Zimmer befindet sich gleich im Eingangsbereich. Es ist sehr dunkel und unordentlich. Musik rauscht aus einem Radio. Das nächste Zimmer ist groß, richtig hell und bereits leer geräumt. Es hat ein großes Fenster, das in ein Ober- und Unterfenster unterteilt ist. In dem Raum liegt ein blau melierter Teppich.

Von außen kommt dem Fenster eine grüne Baggerschaufel bedrohlich nah. Sie ist geöffnet, so als ob sie etwas erfassen bzw. beladen möchte.
Ich gehe zurück in den Eingangsbereich und weiter rechts durch die nächste Tür. Das Zimmer betrete ich vorsichtig und bleibe in der Tür stehen. Es ist ein kleines Bad mit Duschwanne und Waschbecken. Die Tür geht nach rechts auf, sodass mein Blick auf die rechte Wand fällt. Das Bad ist renovierungsbedürftig, die rechte Wand hat keine Tapete. „Das bekommt man aber hin“, denke ich.
Ich öffne die Tür weiter und das Zimmer wandelt sich zu einer Küche. Sie ist weiß und sieht sehr neu aus. Alles strahlt und glänzt. Die Sonne scheint herein. Ein Schrank besteht aus der Spüle, der nicht hundertprozentig zum Rest der Küche passt. Die Spüle ist höher gesetzt und ihr Unterbau sieht aus wie ein brauner Tisch mit vier Beinen. Ich verlasse die Küche und gehe wieder zurück in das Ausgangszimmer. Alles sieht nach Umzug aus.
Ich entscheide mich gegen die Wohnung, weil direkt gegenüber die Straßenbahn vorbeifährt und ich Ruhe brauche.

- Wohnung = Ariane; eine Wohnung ist man selbst
- Zimmer = Aussage über den Zustand der eigenen Persönlichkeit

Wer leben will, hat sich die Frage nach dem Wesentlichen zu stellen. Wir müssen nach innen blicken, den Dialog zu uns selbst finden, erfühlen, was ist, ins selbstständige Handeln kommen. Ariane will sich finden. Dazu muss auch sie in den Dialog zu sich selbst finden, Mut finden und die Kraft aufbringen, ihr Verborgenes freizulegen. Durch eigene Erfahrung und Begegnung mit sich selbst kann sie sich mit verdrängten Problemen und inneren Werten beschäftigen. Sie muss sich im Inneren begegnen, kann es aber nicht, weil eine Barriere vorhanden ist, die sie nicht durchdringen will.

Der Drang, Abwechslung und Neuigkeiten in ihr Leben zu holen, ist groß. Alltagsroutine ist für sie wichtig, um eine Struktur ins Leben zu bringen, aber sie droht zu erstarren. Die Kommunikation ist abgeschnitten. In ihr ist nur ein Rauschen, sodass sie ihrer inneren Stimme nicht folgen kann. Auf ihre Intuition kann sie nicht zugreifen. Sie lenkt sich im Außen ab. Es ist wie eine Dauerberieselung, eine Ablenkung, die sie davor bewahrt, sich intensiv mit sich selbst auseinanderzusetzen.

Ruhe ist das, was Ariane wirklich braucht.

Mittwoch, den 09. April 2008: Leben, was ist

Ich bin auf einer Trauerfeier und stehe in einer langen Schlange vor einem Gebäude. Die Menschen sind festlich gekleidet, sie tragen lange Kleider. Jost und Bettina stehen mit mir zusammen in der Reihe. Bettina erzählt mir, dass sie einen ähnlichen Unfall hatte, dass der allerdings schon ziemlich lange her sei und sie gut da rausgekommen sei. Jost und Bettina überraschen mich damit, dass sie kein Paar mehr sind, sich aber weiterhin gut verstehen. Ich stehe zwischen beiden und fühle dieses Gefühl des Nicht-mehr-zusammen-Seins.

Als ich den Raum betrete, sehe ich auf der rechten Seite Garderoben, die mit Jacken voll gehängt sind. Die ersten beiden Garderoben sind belegt, ich gehe zur dritten und gebe meine Jacke ab. Ich zögere kurz, überlege mir aber dann doch, die Jacke dort abzugeben und nicht mit an den Platz zu nehmen.

Ich gehe in einen weiteren Raum, in dem festlich gedeckte runde Tische stehen. Alles ist in Braun gehalten. An meinem Tisch sticht ein Gedeck heraus, es liegt irgendwie gesondert neben den anderen Gedecken.

Ein unattraktiver, schlanker Mann setzt sich zu mir. Sein Verhalten ist umständlich, er wirkt unsicher und ist arrogant. Er trägt eine Hornbrille von einem sehr teuren Brillenhersteller. Das Logo ist auf der Seite der Brille aufgedruckt. Der Mann rückt seine Brille zurück auf die Nase. Sein schwarz-grau gestreiftes Sweatshirt ist von Armani. Ich beobachte den Mann die ganze Zeit und weiß, dass er der Freund meiner Arbeitskollegin Sandra ist, obwohl ich diesen Mann noch nie gesehen habe, bin ich mir sicher.

- Beerdigung = mit einem Verlust fertig werden, ihn zu verarbeiten
- Paar, nicht-mehr-zusammen-sein = ein Gefühl, innerlich getrennt zu sein, nicht eins zu sein
- Unattraktiver Mann = Animus

Nach außen hin präsentiert Ariane alles perfekt. Ihr Leben ist makellos und festlich. Innerlich fühlt sie sich getrennt und unsicher. Wie schon so oft in ihrem Leben macht sie gute Miene zum bösen Spiel. Sie ignoriert den Hinweis ihres Unterbewusstseins oder versteht ihn nicht, dass sie sich viel zu oft makellos und perfekt präsentiert. Sie will bis zur totalen Erschöpfung die Schönste und Beste sein, denn sie will vermeiden, wovor sie sich am meisten fürchtet: Liebesentzug. Obwohl Anlass zur Trauer ist, kann sie nicht trauern. Noch immer nimmt sie nicht bewusst war, was in ihr ist.

Montag, den 14.04.2008: Gedanken verändern sich, das Leben nicht

Ich befinde mich in einer Sporthalle und treffe Conni, die schon sehr lange nicht mehr beim Training gewesen ist. Sie hat sich um den Kopf herum vollkommen verändert. Ihre ursprüngliche Haarfarbe Blond hat sie schwarz gefärbt. Ihre Haare sind dünn und sehen ungepflegt aus. Ihre Haare sind hochgesteckt, ich kann die Unregelmäßigkeit ihrer Haarfärbung am Haaransatz erkennen. Conni fängt an zu laufen, um sich aufzuwärmen.

In der Sporthalle sind unterschiedliche Geräte wie bei einem Zirkeltraining aufgebaut. Ich fange ebenfalls an zu laufen und suche dabei Stefan. Dabei habe ich wieder dieses warme, tief durchdringende Gefühl. Stefan ist aber nicht beim Training.

Anett ist zusammen mit einer Frau und ihrem Kind ebenfalls in der Turnhalle. Das Kind schläft. Wir setzen uns an einen Tisch, auf dem zwei Aschenbecher stehen. Die Tische sind mit weißen, viereckigen Tischdecken aus Baumwollstoff bedeckt.

Als ich mich hinsetzen will, werfe ich die Tischdecke mit den beiden Aschenbechern beinahe herunter. Ich setzte mich und Anett bestellt Champagner. Als ich beinahe den Aschenbecher herunterschmeiße, legt die Mutter des Kindes in der Hoffnung, dass es weiterschläft, ein Tuch über dessen Kopf. Es wacht dennoch auf und streckt mir seine Finger entgegen. Ich will aber nicht, das es mir die Hände reicht.

- Sporthalle = öffentlicher Ort, Ort der Kommunikation und derselben Interessen
- Veränderung = Zeit des Wandels. Was will verändert werden?
- Kind = Möglichkeiten im Leben
- Hände reichen = annehmen was ist, kann Ariane damit umgehen?

Ariane sehnt sich nach Veränderung in ihrem Leben. Die Angst ist groß, Veränderung zuzulassen. Sie möchte das Gefühl, das sie vor Tagen in einem anderen Traum mit Stefan erlebt hatte, in ihr Leben integrieren. Sie sehnt sich nach ihrem *eigenen* Leben und weiß nicht, wie sie dahin kommen kann. Die Kommunikation mit ihrem Lebenspartner fehlt ihr, auch das Verständnis für sie. Die partnerschaftliche Situation ist angespannt. Ärgernisse und Stress im Arbeitsleben wälzen die Partner aufeinander ab. Anstatt Verständnis füreinander aufzubringen, versuchen beide, Stress in Projektionen umzuwandeln. Sie machen sich gegenseitig für die angespannte Situation verantwortlich. Arroganz und

Lichtgespenster

Beleidigungen begleiten ihre Tage. Es sprechen keine Erwachsenen miteinander. Es sind die Stimmen der inneren Kinder, deren Verletzungen aus vergangener Zeit an die Oberfläche gespült werden. Beide beachten die Verletzungen des anderen nicht. Sie sehen nicht den Hilferuf des Gegenübers. Verständnis füreinander und ein Dialog auf Augenhöhe werden nicht zugelassen. Die Situation ist traurig und Ariane schaut nach Möglichkeiten, um ihr zu entfliehen.

Freitag, den 18. April 2008: Erster Traum: Statustraum; Grenzen akzeptieren. Das zulassen, was möglich ist
Oliver und ich sind am Hintereingang eines Hauses. Der Eingang ist durch ein Carport überdeckt und eine Treppe führt zum Eingang hinauf. Wir klingeln, aber niemand macht auf. Unter dem Carport liegen ein Erwachsenen- und ein Kinderfahrrad. Links neben den Fahrrädern ist ein weiterer Eingang, die Tür ist geöffnet. Oliver geht hinein und der Sohn meiner Psychotherapeutin fängt an, zu weinen. Der Sohn wollte gerade die Tür aufmachen und dachte, Oliver sei ein Einbrecher. Ich rufe Oliver hinterher, er solle zurückkommen. Er dreht sich sofort um und der Junge beruhigt sich. Wir gehen nach vorn am Haus entlang.

- Haus = unser Seelenleben, das ist Ariane, der Mensch selbst
- Oliver = mein Hilfs-Ich, ihm vertraut Ariane
- Junge = männlichen Möglichkeiten, Dominanz; das männliche gedankliche Gut der Therapeutin wird

durch das Kind abgewehrt

- Fahrrad = Meine Entwicklung wurde nicht beendet; ich habe Zweifel, eigenes Vorankommen

Ariane befindet sich zur damaligen Zeit in einer Psychotherapie, in der tiefenpsychologisch gearbeitet wird. Einmal pro Woche geht sie gerne dorthin. Es wird durch die Therapeutin ein Raum zur Verfügung gestellt, in dem Ariane sich sicher und respektiert fühlt. Hier findet eine Begegnung auf Augenhöhe statt. Ariane wird verständnisvoll behandelt und kann sich öffnen. Bestimmte Teile ihres Lebensbereichs bleiben aber auch hier unangetastet. Es ist noch nicht an der Zeit, die Schattenseiten zu therapieren. Alles, was mit männlichen Attributen in Zusammenhang steht, wie Wut, Aggression, Durchsetzungsvermögen, Arroganz, Dominanz, lehnt sie zu diesem Zeitpunkt ab. Sie kann diese Aspekte noch nicht integrieren. Veränderungen machen Angst.
Im Traum hat Ariane Oliver als Hilfs-Ich gewählt. Sie ist distanziert und wehrt jeden Eindringling ab, der zu nahe an sie herankommt. Oliver vertraut sie, er überschreitet ihre Grenzen auch im wirklichen Leben nicht.

Freitag, den 18. April 2008; zweiter Traum: Statustraum: Das bin ich – mein Seelenhaus
Ich stehe an einem großen Haus, das fernab der Straße liegt, aber aus der Entfernung zu sehen ist. Zwischen Straße und Haus ist eine Grünfläche, ein Weg führt entlang des gesamten

Hauses. Das Haus besteht aus grauen Granitsteinen, ist herrschaftlich, hat Säulen. Das Haus wirkt distanziert und verschlossen. Es ist alles ruhig. Es scheint niemand dort zu sein. Das Haus ist orange gestrichen.

- Haus = Arianes Seelenleben, das ist Ariane
- Orange = Ariane verbrennt

Ariane ist nach außen hin distanziert und verschlossen. Sie erwartet von anderen, auch von ihrem Lebenspartner, dass sie wie Hellseher in sie hineinsehen und verstehen, wie sie sich fühlt. Anstatt zu kommunizieren, zieht sie sich zurück und gibt die Verantwortung nach außen ab. Wie ein kleines Kind, das trotzig darauf wartet, dass ihm geholfen wird. Ihre Gefühle stauen sich im Inneren an. Langsam verbrennt sie durch ihr kontrolliertes Funktionieren und das Zurückhalten ihrer Gefühle.

Sonntag, 04. Mai 2008: Handlungsunfähigkeit
„Dahinten ist ein Hinweis“, rufe ich und erkenne gut eine entfernte Schaufensterpuppe. Sie trägt ein Sportdress, möglicherweise einen roten Badeanzug. Ich sehe die Puppe von der Seite und erkenne, dass sie nur ein linkes Bein hat. In der rechten Hand hält sie eine rote Billardkugel, die mit einem weißen Fleck gekennzeichnet ist. Der Fleck sieht aus wie die Zahl Acht. Als Zahl steht auch die Sieben auf der Kugel.

- Rechts = rationale Ebene

- Schaufensterpuppe = Verpuppung, Verharren, kindlich
- Sieben = zeigt den Wachstumszyklus, Veränderungen im Leben, Persönlichkeitswandlung

Bewegungen bewirken Veränderungen. Die Kugel muss ins Rollen gebracht werden. Wie die Puppe ist auch Ariane erstarrt, sie ist bewegungsunfähig geworden. Jeder Tag ist gleich, sie hat wenig soziale Kontakte, es findet keine Entwicklung statt. Sie hält ihr Glück und die Möglichkeit zur Veränderung in den Händen, aber sie handelt nicht, ihre Starrheit lässt es nicht zu. Der Traum rät Ariane, agiler zu werden und in Aktion zu treten, Sport zu machen, um in Bewegung zu kommen – hier liegt der Schlüssel zum Glück.

Samstag, 07. Juni 2008: Ausgebrannt

Der Raum, in dem ich liege, ist orange durchflutet. Vorhänge nehmen den Vorbeigehenden die Sicht in den Raum. Die Vorhänge sind aus dünnem Material und fast durchsichtig. Ich versuche, mich den Blicken der Vorbeigehenden zu entziehen. Ich habe wenig bis gar nichts an. Meine Schwester steht im Raum und ich weiß, dass wir in diese Wohnung ziehen.

- Schwester = Was befürchte ich an mir selbst?
- Orange = der Mensch/Ariane verbrennt,

Innerlich verbrennt Ariane immer mehr. Was sie zu verstecken sucht, wird jetzt auch für andere transparent. Hilflos und nackt steht sie dem Leben gegenüber. Das kontinuierliche Streiten mit ihrem Lebenspartner brennt sie aus. Die Herzen entfernen sich immer mehr voneinander, die Mauer wird immer höher, sodass wirkliche Nähe nicht mehr möglich ist.

Sonntag, 29. Juni 2008: Ein Hinweis der Seele
In unserem Wohnzimmer steht ein Regal als Raumteiler. In dem Regal stehen Bücher, es ist eine Ablage vorhanden. Auf der Ablage liegt ein Ast mit kleinen schwarzen Früchten. Bei genauem Hinschauen verwandeln sich die schwarzen Früchte in rote Johannisbeeren. Ich nehme den Ast hoch und finde dort kleine schwarze Schlangen, die eingerollt sind. Mit dem Ast gehe ich um einen vor mir stehenden Tisch herum und sehe weitere Schlangen vor mir auf dem Fußboden liegen. Ich bücke mich und sehe mir die Schlangen auf dem Boden genauer an. Da kommt eine größere Schlange aus dem Regal heraus und stupst mich mehrmals von hinten an der rechten Schulter an.

- Wohnzimmer = zentraler Ort des Selbst. Was hat jetzt eine zentrale Bedeutung?
- Schlangen = Schlangenkraft der Kundalini (eine innere Kraft), Sexualität
- Johannisbeeren = süß-saure Frucht/Symbol für ein glückliches Leben. Hat mit Freundschaft und Liebe zu tun

Das Wissen über den Weg zur eigenen Individuation ist in

jedem Menschen vorhanden. Schlangen weisen darauf hin, dass das Unterbewusstsein mit uns sprechen will. Sie können entweder als Phallussymbol interpretiert werden und auf ungelöste sexuelle Probleme hinweisen oder sie stehen für Krankheitsanfälligkeit und Depression. Die große Schlange will Ariane warnen. Sie stupst sie von hinten an der rechten Schulter an. Sie will Ariane auf etwas aufmerksam machen, auf was ist jedoch unklar. Zurückblickend war dieser Stupser ein Hinweis auf körperliche Überlastung; die körperlichen Symptome hat sie nicht wahrgenommen.

Montag, 30. Juni 2008: Terminkollision

Ich träume in dieser Nacht von einer Terminkollision. Zwei Termine haben eine Überschneidung von einer Viertelstunde. Der eine ist ein Massagetermin mit einer Fangobehandlung. Ich will auf jeden Fall die vollständige Fangobehandlung in Anspruch nehmen und versuche, den Termin um eine Viertelstunde zu verschieben. Dazu versuche ich, die folgenden Patienten anzurufen, habe aber keine Telefonnummern.

Als ich in der Massagepraxis ankomme, findet davor ein riesiges Halligalli statt. Es ist laut und ich fühle mich wie auf einem Rummel. Ich bin total durcheinander, weil ich mir erstens die Zeit nicht vernünftig einteilen kann und zweitens beide Termine wahrnehmen will.

- Termin = erstarren in fixen Ideen
- Massage/Fango = seelische Spannungen lösen; auch

Lichtgespenster

etwas herauspressen wollen

Ariane ist ein Mensch, der auf allen Hochzeiten gleichzeitig tanzen möchte. Da sie sich an anderen orientiert, überfrachtet sie ihren Tag mit zu vielen Terminen. Innerlich ist sie dadurch zerrissen, weil sie es jedem außer ihr selbst recht machen will.

Dienstag, den 15. Juli 2008: Ausruhen anstatt ausbrennen
Ich fahre mit dem Auto auf einen Parkplatz, auf dem Absperrbänder das Einparken auf den Einstellplätzen verhindern. Auf beiden Seiten stehen Halteverbotsschilder. Auf dem Parkplatz wird gebaut und gleichzeitig findet dort ein Flohmarkt statt. Auf dem hinteren Teil des Parkplatzes sind einige Parkplätze zum Parken verfügbar. Ich versuche, dorthin zu fahren, aber einige Autos verstellen mir den Weg. Ich steige aus dem Auto aus und stelle mein Fahrrad auf den Parkplatz. Als ich mich kurz umdrehe, ist das Fahrrad verschwunden. Ich suche den gesamten Parkplatz mit meinen Blicken ab, finde es aber nicht mehr. In einer Halle entdecke ich einen großen Stapel Bettlaken, ein beiges und orangenes von diesen Laken habe ich bereits vermisst. Ich hole beide vom Stapel herunter. Das orangene Bettlaken war mit lauter neuen DIN-A4-Comicheften gefüllt. Das Laken gehörte doch nicht mir, ich falte es zusammen und lege es zurück auf den Stapel.

- Parkplatz/Parken = eine Pause machen, den Aktivismus zur Ruhe bringen
- Verschwundenes Fahrrad = Transportmittel,

Individualität ist verschwunden

- Orange = brennen, ausbrennen

Die Zeit ist gekommen, auszuruhen. Viele große Hürden hat Ariane gemeistert. Jetzt könnte sie sich ausruhen. Dennoch ist sie innerlich getrieben, nicht auszuruhen, sondern weiterzumachen. Sie funktioniert, als habe sie ihr eigenes Leben schon lange aufgegeben. Körperliche Symptome machen sich bemerkbar. Sie fühlt sich am falschen Platz, in einem falschen Leben. Ihre eigene Individualität ist verschwunden.

Mittwoch, den 16.07.2008: Individualität integrieren
Die Tätowiererin hat kurzes, schwarzes Haar und zwei Vollmonde auf dem Unterarm. Der eine Vollmond ist mit hellen Stellen wie bei einem Yin-Yang-Symbol unterbrochen. Meine Freundin Anne lässt sich einen Schäferhundkopf tätowieren. Anne konzentriert sich so stark auf das Tätowieren, dass sie gar nicht auf mich reagiert, als ich ankomme. Nach dem Tätowieren steht Anne auf, hält sich den Arm und geht nach hinten in einen Raum.
Ich habe gar nicht vor, mich tätowieren zu lassen. Überlege es mir aber spontan. Es sollen zwei Symbole sein und ich weiß sofort, dass ich sie nicht auf den Unterarm tätowieren lassen will. Die Tätowiererin schlägt vor, eines oberhalb der rechten Brust und eines auf den rechten Arm zu tätowieren. Ich habe plötzlich Zweifel, vor allem find ich meine Idee für das zweite

Lichtgespenster

Symbol irgendwie bescheuert und naiv.

Anne kommt wieder nach vorn, sie hat einen Wasserschlauch im Mund, aus dem Wasser auf ihren Arm fließt. Zuerst kann ich das Tattoo nicht sehen, aber durch das kühle Wasser entspannt sich die Haut und das Tattoo ist deutlich zu erkennen. Der schwarze Schäferhundkopf hat einen halben Zentimeter dicken roten Rand. Die Tätowiererin schickt Anne schnell wieder nach hinten, Anne soll sich ausruhen. Ich habe wieder Zweifel, mich tätowieren zu lassen. Trotzdem ziehe ich mich komplett aus. Ich habe richtig Angst. Ich frage die Tätowiererin, ob man nicht erst einmal ein halbes Tattoo stechen könne, aber sie scheint damit nicht ganz einverstanden zu sein. Ich will mit dem Tattoo auch Oliver beeindrucken.

Der ganze Traum ist von der Farbe Schwarz geprägt. Als Tattoo ist der Schäferhundkopf zuerst undeutlich, erst als die Haut gekühlt wird, wird das Tattoo deutlicher. Zuallererst bezweifel ich die Kompetenz der Tätowiererin, sehe dann aber auf Annes Arm das Ergebnis, das super ist.

- Tattoo = persönliches Statement, welches unter die Haut geht; Individualität; ich möchte gesehen und beachtet werden und bekomme nicht die gewünschte Aufmerksamkeit
- Die Farbe Schwarz = Nicht-Leben oder Nicht-Bewusstsein, ein Zeichen für Traurigkeit
- Hund/Schäferhund = gilt als bedingungsloser Freund, Beschützer, Verbündeter

Ariane ist ein Mensch, der bedingungslos lieben kann. Sie verschenkt Liebe und Treue an Menschen, die ihr im Leben wichtig sind. Ihre Sensibilität und Empathie tragen dazu bei, dass sich Freunde in ihrer Nähe geborgen und aufgehoben fühlen.
Es ist ihr größter Wunsch, ihre Individualität zu leben und sie selbst zu sein. Sie möchte gesehen und akzeptiert werden. Im Leben richtet sie sich oft nach anderen, weil sie denkt, so gemocht und verstanden zu werden. Sie setzt ihre Kompetenzen zielgerichtet ein, um anderen zu helfen.
Der Traum warnt Ariane, sich endlich mit ihrer Schattenseite auseinanderzusetzen. Der Traum zeigt ihre Unsicherheit darüber, ob sie ihre Individualität wirklich leben möchte. Sie erhält eine Warnung, sich nicht mehr aufzuopfern, sondern ihre Liebe, Treue, Sensibilität und Empathie vor allem bei sich selbst anzuwenden.

Sonntag, den 20. Juli 2008: Die Angst vor dem eigenen Schatten
Mein Lebensgefährte, unsere Kinder und ich kommen gerade vom Frühstück. Wir sind im Urlaub in Bensersiel. Wir verlassen gerade den Frühstücksraum, als ich einen Arbeitskollegen am Ende einer Menschenschlange sehe. Alle warten auf das Frühstück. „Oh, da kenne ich jemanden, ich muss mal Hallo sagen“, ich gehe auf die Menschenschlange zu. Als ich näherkomme, bemerke ich, dass der Mann meinem Arbeitskollegen nur sehr ähnlich sieht, er es aber nicht ist.

Lichtgespenster

Normalerweise lacht Steffen auch sehr viel und ist immer freundlich. Das ist hier nicht der Fall. Als ich bei ihm ankomme, sage ich: „Hallo, wir kennen uns doch.“ In diesem Moment spüre ich, dass ein ganz böses Gefühl von ihm ausgeht. Der Mann sagt nichts, schaut mich ernst an und wirkt gefährlich. Ich bekomme Angst und mir wird unbehaglich zumute. Dann gehe ich.

- Mann = Animus; Mut zur Selbstbehauptung; Integration von Geist, Verstand, Tatkraft und Willen oft gepaart mit Härte und Aggressivität

Im Alltag unterdrückt Ariane jegliche Art von unangenehmen oder auch aggressiven Gefühlen. Versteckt hinter einer Fassade von Freundlichkeit will der Schatten gesehen und integriert werden. Das macht erst einmal Angst. Es ist etwas Neues, etwas, das wir im Allgemeinen nicht bewusst wahrnehmen und jahrelang unterdrücken. Bisher hat Ariane ihre eigenen Interessen immer zurückgestellt. Sie will Individualität leben und ihren eigenen Weg gehen. Eine Richtung, die der Traum ganz klar vorgibt.

Die körperlichen Symptome von Ariane zeigen ihr schon über Jahre den Weg. Sie markieren Veränderungspotenziale. Ärzte finden keine erklärbare Ursache. Das Leben zeigt ihr im Traum, dass es Zeit ist, Anteile ihres Schatten zu integrieren, um größere Krankheiten zu vermeiden. Kleine Fehlleistungen wie Versprecher, harmlose Körpersymptome und vor allem Vermeidungsstrategien zeigen ihr die nicht integrierten Anteile

auf. Gleichzeitig lassen ihr Funktionieren und ihre Unwissenheit in Bezug auf den Schatten es nicht zu, dass sie ihr Leben auf *ihren* Lebensweg lenkt.
Der persönliche Schatten entsteht durch Verdrängung von Eigenschaften, mit denen wir uns nicht identifizieren möchten. Durch die tägliche Verdrängung wird der individuelle Schatten aufgebaut. Er wächst und wirkt täglich. Der Schatten macht Angst und kann zu unterschiedlichen Krankheitssymptomen führen. Der Traum gibt erste Anzeichen. Ariane will die Sonnenseite leben, ohne aber vorher durch den Schatten zu gehen.

Dienstag, den 27. August 2008: Warten auf äußere Hilfe für eine Befreiung aus den inneren Zwängen
Angelina ist noch ein Baby und liegt im Kinderwagen. Zusammen mit einer Frau gehen wir den Bohlweg in Braunschweig entlang und umkreisen die Gebäude. Wir gehen zur Münzstraße, die parallel zum Bohlweg verläuft, wir wollen frühstücken. Die Durchgänge zwischen den Gebäuden sind versperrt und irgendwie zugebaut. Die Gebäude und die Straßen sind angeordnet wie in einem Stadion – wie eine Ellipse. Wir wollen Angelina irgendwo sicher abstellen.
Wir überqueren die Straße und kommen auf einen großen, freien Platz, der mit Pflastersteinen gepflastert ist. Ich komme mir vor wie in der Zeit der Ritter. Es ist aber kein Ritter zu sehen. Zwei Leute spielen Fußball und der Ball rollt zu mir, ich spiele ihn wieder zurück.

Lichtgespenster

Wir gehen in einen Ratskeller, in dem viele Menschen an einem Tisch sitzen. Oliver kommt mit seiner Freundin vorbei, sie geht hinter ihm und hat einen roten Bikini an. Ich wundere mich, dass sie schlank ist. Oliver streckt seinen Po nach ihr aus und sagt, als er an mir vorbeigeht: „Oh, das ist aber schön kuschelig." Sie gehen weiter.

Peter, mein Karatetrainer, ist ebenfalls da, er beschützt mich irgendwie. Ich gehe dann wieder raus und suche mit der Frau Angelina. Ich habe Angst, sie nicht wiederzufinden. Eine Frau kommt und will ein Strafgeld von mir kassieren, weil ich Angelina auf den Platz zum Parken gestellt habe. Ich sehe das nicht ein, weil andere darauf ja Fußball gespielt haben. Angelina habe ich in dem Traum nicht mehr dabei.

- Tochter, verloren = Arianes Kindheit; Kindheit verloren
- Ball = Ganzheit, eigene Individualität ganz werden lassen
- Peter, Karatelehrer = Schutzfunktion, Beschützer

Ariane wartet noch immer darauf, dass irgendjemand sie aus ihrer Situation befreit. Sie glaubt, dass diese Macht von außen kommt. So viel hat sie erreicht, so viel hat sich geändert und dennoch sucht sie nach irgendeiner Befreiung. Sie möchte ihre Kreativität zum Ausdruck bringen. Noch immer nutzt sie ihre inneren Ressourcen nicht und lässt das Leben an sich vorbeiziehen. Ihre körperlichen Symptome nimmt sie noch immer nicht wahr.

Donnerstag, den 11. September 2008: Wie sieht es in Ariane aus, Statustraum

Ich bin mit einem Fahrrad unterwegs und suche eine Wohnung, in der Kollege Ralf, ein wissenschaftlicher Assistent, wohnt. Ich fahre auf der Straße und habe ein Bild dabei, das mir den Hofeingang zeigt. Der Hofeingang ist ein Durchgang, der aus Steinen gemauert und verputzt ist. Der Putz ist teilweise abgeblättert, man sieht die Steine. Ich fahre durch die Einfahrt in den Hof, steige vom Fahrrad ab und gehe die Treppe zum Eingang hoch. Werner öffnet mir und führt mich in die Wohnung. Er zeigt mir im Erdgeschoss ein Zimmer, das mit Möbeln vollgestellt ist. Dann gehen wir im ersten Stock in einen großen Flur mit Garderobe. Ich hänge meine Jacke auf. Ich gehe weiter nach rechts in einen Raum, in dem weitere alte Möbel stehen. Werner begleitet mich und erzählt mir, dass die Wohnung in Wirklichkeit viel größer als 60 Quadratmeter sei. Die Fenster sind von außen mit Tüchern zugehängt. Der Raum ist dunkel und sehr staubig. Ralf erzählt, dass sie sich hier wohlfühlen und erst vor Kurzem hier eingezogen seien. Durch ein Fenster scheint die Sonne herein, was den Raum ein wenig erhellt. Ich sehe ein Bild mit Ralf beiden Söhnen darauf. Der eine ist gesund, der andere behindert. Man kann mit einem Finger in die Mitte des Bildes klicken. Das Bild verändert sich dann und man sieht noch klarer die Behinderung des einen Jungen. Beide Jungen tragen hellblaue T-Shirts, haben blondes, kurzgeschnittenes Haar.

Lichtgespenster

In der Traumsymbolik zeigt die Wohnung die Individualität des Träumers. Ralf als wissenschaftlicher Assistent zeigt die rationale Seite auf, die stark die emotionale Seite Arianes kompensiert. Die alten, verstaubten Möbel zeigen, in welcher Art Ariane ihr Leben einrichtet. Der Traum stellt die aktuelle Lebenssituation dar. Die Vorhänge symbolisieren, dass Ariane niemanden in sich hineinblicken lässt. Ariane hat körperlich oft das Gefühl, dass sie in zwei Teile geteilt ist, die nicht miteinander kommunizieren. Ihre Hälften stehen nicht im liebevollen Einklang miteinander, sie bilden kein Team. Die Ratio bestimmt das Leben, lässt aber männliche bzw. Schattenaspekte nicht zu, die emotionale, kreative Seite sorgt sich um andere, aber nicht um sich selbst.

Wir wissen oft sehr genau, was uns fehlt und was in einer Situation nicht das Richtige ist. Unsere Gefühle sind unsere Wegweiser. Die Seele spricht immer über die Träume, über Visionen, Bilder und Gefühle zu uns. Hören wir nicht auf sie, entstehen körperliche Symptome, die erst gesehen werden, wenn sie eine gewisse Schwere entwickelt haben.

Es fehlt Ariane an vielen Dingen: tiefe innere Zuneigung, die Verbundenheit und das Verständnis innerhalb ihrer Partnerschaft. Das Gemeinsame ist verlorengegangen. Beide Partner leben das bockige innere Kind, das mit verschlossenem Herzen, verzogen und störrisch mit Füßen tritt. Jeder sucht die Lösung bei dem anderen. Keiner fängt bei sich selbst an. Beide verwechseln Funktionieren und Abhängigkeit mit Liebe. Beide helfen einander aus reiner

Verbindlichkeit, weil sie es so gewohnt sind. Ariane und ihr Lebenspartner stellen ihre Beziehung infrage und überlegen, ob es ein Fehler war, diese Beziehung überhaupt einzugehen. Aber dann sehen beide ihre wunderbaren Kinder und wissen, dass diese Verbindung einen Sinn hatte.

Innerlich beschließt Ariane, ihrer Partnerschaft noch ein Jahr zu geben. Der Countdown läuft. Ariane fragt sich oft, ob eine Paartherapie helfen könnte. Innerlich hat sie jedoch bereits ein Nein gesetzt. Sie wird von ihrem Partner nicht gesehen. Auch wenn sie weinend dasitzt, ihr die Tränen über das ganze Gesicht laufen, wird sie nicht in die Arme genommen, sondern einfach mit ihren Gefühlen alleine gelassen. So weit haben sich beide voneinander entfernt, so weit hat Ariane sich von sich selbst entfernt. Die Liebe fängt immer bei sich selbst an und niemals bei dem Partner.

Samstag, den 04. Oktober 2008: Nähe und Distanz

Ich bin mit Fahrrad meines Lebenspartners vor einem Fahrradständer stehen geblieben. Ich versuche, es anzuschließen. Ich suche die richtige Position für das Schloss – vorn oder hinten am Rad. Zwei Männer beobachten mich dabei. Als ich das Fahrrad angeschlossen habe, gehe ich in das Haus und klettere eine Leiter aus Holz nach oben. Sie ist schwierig zu erklimmen und führt auf den Dachboden, wo Laurenz wohnt. Die Wohnung steht voll und Laurenz blättert in einem Fotokasten. Auf den Fotos sind mir unbekannte Menschen abgebildet. Ich werde eifersüchtig, als ich ein Bild einer Frau sehe. Sie ist blond, geschminkt. Mir fallen besonders ihre Lippen auf. Ein Mann kommt ins Zimmer und sagt, dass er jetzt wegfahren würde. Der Mann bittet Laurenz, dass die zwei Freunde, die ihn besuchen wollen, nicht in seinem Bett schlafen sollen, sondern daneben.

Ich lege mich zu Laurenz ins Bett, will ihn gerne spüren, mich an ihn kuscheln, aber die Decke liegt zwischen uns und verhindert es.

- Fahrrad vom Lebenspartner = dasselbe Transportmittel, Individualität
- Männer = meine eigenen männlichen Anteile, die noch nicht integriert sind
- Zwei = Zweifel
- Frau, Lippen = sexuelles Symbol, ein emotionaler Aspekt, der noch bearbeitet wird
- Bett, Decke = Schutz, etwas nicht zulassen
- Weg nach oben = höhere Bewusstseinsstufe

„Wie finde ich einen gemeinsamen Weg mit meinem Lebenspartner“, ist eine Frage, die viele Paare beschäftigt. Der Traum zeigt Zweifel. Die Nähe, die sich Ariane so sehr herbeisehnt, ist nicht vorhanden. Wirklich Nähe zuzulassen, heißt, sich ganz zu öffnen und sich verletzlich zu zeigen. Kann Ariane Nähe zulassen? Wahrscheinlich nein. Das Außen spiegelt uns immer wieder Aspekte, die wir nicht integrieren. Hat sie genau deswegen diesen einen Partner, der es ebenfalls nicht kann? Was beschützt sie in sich und was soll nicht gesehen werden? Wir beschützen oft unseren Seelenkern, unser Selbst mit all unseren Eigenschaften und Fähigkeiten. In der Kindheit haben wir gelernt, uns zu verstecken, weil wir so, wie wir waren, oft nicht richtig waren. Um unser Selbst hat sich eine Schale gebildet, die für andere unüberwindbar ist. Diese Schale zu öffnen und zu zeigen, wie man wirklich ist, öffnet auch wieder den Weg zur Verletzlichkeit.

Montag, den 06. Oktober 2008: Es ist alles möglich
Ein Bekannter und ich sind in New York. Wir stehen auf einem Gehweg an einer Kreuzung. An der Ecke sind Straßenstände aufgestellt, an denen Afroamerikaner, Mexikaner und Indianer sitzen. Sie sind braun gebrannt, haben dunkles, langes Haar, sind lebenslustig und mit farbenfrohen Ketten geschmückt. Sie sitzen hinter ihren Ständen und unterhalten sich. Ich sage zu meinem Freund: „Schau mal, sie haben sich eingelebt, jetzt lachen sie sogar schon.“ Wir beobachten die Indianer weiter.

- Indianer = Ariane setzt sich mit etwas auseinander, weil der Traum Indianer zeigt, die nicht nach New York passen. Das bestätigt der Satz: „... sie haben sich eingelebt, jetzt lachen sie sogar schon.“ Es ist eine exotische Idee, die der Traum hervorbringt. Damit kann man leben
- New York = neue Möglichkeiten, es ist alles möglich

Lichtgespenster

Ariane steht an einem Wendepunkt in ihrem Leben. Die Situation zwischen ihr und ihrem Lebenspartner ist für sie kaum mehr auszuhalten. Treffen sie aufeinander, streiten sie sich oder gehen sich so gut wie möglich aus dem Weg. Ariane fühlt sich kraftlos. Ihre Gedanken drehen sich täglich darum, wie es ohne ihn wäre. Es gibt einen Weg, aus dieser Situation herauszukommen oder in ihr zu verharren. Immer wieder kreisen ihre Gedanken darum, wie sie diese Situation verbessern kann. Eine Entscheidung trifft sie bisher aber nicht.

Dienstag, den 17. November 2008: Statustraum: Schattentraum, die Beziehung ist zu Ende

Mein Lebenspartner und ich sind in einem Bus unterwegs. Wir streiten uns heftig. Dabei hält er mich fest und ich versuche, mich loszureißen. In meinen Armen halte ich verschiedene Gegenstände, die mir sehr wichtig sind. Die Gegenstände fallen mir aus den Armen, als ich versuche, mich von meinem Lebenspartner loszureißen. Eine Frau taucht auf und redet ruhig auf meinen Lebenspartner ein. Sie sagt, er solle mich endlich loslassen. Das macht er und ich stolpere nach vorn und zerbreche dabei ein Holzbrett in zwei Hälften. Das Holzbrett fällt nicht auseinander, sondern die beiden Hälften hängen noch in der Mitte zusammen.

In meinen Gedanken bin ich schon an der nächsten Haltestelle und möchte aussteigen. Die Haltestelle ist genau vor unserer Wohnung, ich möchte aus der Wohnung ausziehen und all meine Sachen mitnehmen. Ich zögere, als der Bus hält, bleibe

ich sitzen. Dabei überlege ich, dass ich auf der Rückfahrt an der gegenüberliegenden Haltestelle aussteigen kann.
Der Bus fährt weiter, ich sehe zwei Steilkurven in einer Abfahrt auf uns zukommen. Wir fahren in die erste Steilkurve hinein und der Bus kommt fast ins Kippen. Vor der zweiten Kurve wache ich aus dem Traum auf.

- Frau = Schatten, der den Konflikt lösen möchte
- Wohnung = das sind wir selbst, Sinnbild des eigenen Lebensbereichs
- Steilkurve = das Leben kann uns/Ariane aus der Bahn werfen
- Haltestelle = warten, abwarten

Arianes Gefühle während des Traumes sind Aggression und Wut. Insbesondere zu dem Zeitpunkt, als sie sich von ihrem Lebenspartner losreißen wollte. Ein Gefühl von Unentschlossenheit begleitet sie, als sie überlegt, aus dem Bus auszusteigen. Sie stagniert und bleibt sitzen.
In ihren Händen hält sie all die Sorgen und Probleme, aber auch die Lösungen und Handlungen, die ihr helfen würden, aus der Beziehung auszusteigen. Eine Frau, ihr eigener Schatten, hilft ihr und kompensiert das Gefühl von Aggression und Wut. Sie verhindert auch die Eskalation zwischen ihr und ihrem Partner.
Die Beziehung zwischen den beiden ist *verholzt* und geht in die Brüche. Was jetzt noch kommt, wenn sie in der Beziehung bleibt, wird ein Schlingerkurs. Ariane steht alleine da, fühlt sich

einsam, niemand hilft ihr. Ihr Schatten kompensiert alles. Sie ist in der Stagnation gefangen.

Mittwoch, den 26. November 2008: Äußere Scheinsicherheiten
Ich schwebe mit einer Stange durch die Luft und halte mich mit beiden Händen daran fest. Dabei fühle ich mich leicht und beschwingt wie Peter Pan. Während ich nach oben schwebe, blicke ich nach unten und sehe viele Menschen, die ein Haus bauen. Das Haus besteht aus roten Steinen, es ist halb fertig. Überall in dem Haus sind Menschen, die an unterschiedlichen Stellen bauen. Das rote Haus grenzt an ein anderes Haus, von dem eine graue Fassade sichtbar ist, die gerade verschönert wird. Um auch den oberen Teil der Fassade für die Verschönerung zu erreichen, ist ein Gerüst aufgebaut. Der Mann meiner Mutter sieht sehr müde und ausgebrannt aus. Er schuftet, um die Fassadenplatten auf die oberen Etagen des Gerüsts zu heben. Der Mann meiner Mutter arbeitet auch am Haus selbst mit, dabei schmerzt ihm aber sehr sein Arm.

- Haus = unser Seelenleben, das ist Ariane, der Mensch selbst
- Fassade = ist das, was wir anderen Menschen nach außen hin zeigen

Ariane fühlt sich beim Fliegen leicht und frei. Sie hat viel Spaß und weiß, dass sie ohne die Stange fallen würde. Die Stange ist der Halt in ihrem Leben und symbolisiert die Beziehung. Die Beziehung zu einem Menschen, so unangenehm sie oft ist, hält

Menschen stabil, auch Ariane. Nicht alleine zu sein, sich auf jemanden stützen zu können, auch wenn die Stütze manchmal nicht so ist, wie sie benötigt wird, bietet Sicherheit. Mit dieser Scheinsicherheit gehen Ariane und viele andere Menschen durch ihr Leben. Die Belastungen, die sich aus dieser Scheinsicherheit ergeben, werden größer; zum einen durch die nicht liebenswerte Beziehung und zum anderen durch die Lebensumstände, die nicht zu Ariane, nicht zu den Menschen passen.

Freitag, den 05. Dezember 2008: Kein klares Ziel vor Augen
Ellen, eine Arbeitskollegin von mir, fragt mich, ob ich ihr ein Buch aus der Stadt mitbringen könne. Sie bittet mich, es nicht zu vergessen. Ich stehe am Fahrradständer und überlege, mit dem Fahrrad zu fahren. Der Bahnhof, wo ich das Buch bekomme, ist weit entfernt. Obwohl der Bahnhof so weit weg ist, kann ich ihn trotzdem sehen. Ich entschließe mich, mit dem Fahrrad zu fahren, hole meinen Schlüssel heraus, um mein Fahrrad aufzuschließen. Ich halte den Schlüssel in meiner Hand und denke: „Den Fahrradschlüssel habe ich zu Hause gelassen.“ Zu Fuß zum Bahnhof will ich nicht gehen, also gehe ich nach Hause zurück. Ellen sagt mir, dass sie das Buch bereits selbst besorgt habe, vielleicht hätte ich es vergessen. Noch immer halte ich meinen Schlüssel in der Hand und sehe jetzt, dass der Fahrradschlüssel dabei ist. Der Fahrradschlüssel hat die Form eines T. Ich ärgere mich darüber, dass ich nicht gefahren bin.

Lichtgespenster

- Buch = Wissen, Buch über das Leben
- Schlüssel = Ariane hat die Lösung in der Hand

Ariane würde gerne zielstrebig ihr Ziel verfolgen. Dadurch wirkt sie zerstreut und unzuverlässig. Es ist notwendig, dass sie sich nicht mehr auf andere verlässt, sondern anfängt Eigenverantwortung zu übernehmen. Ihre Fähigkeiten und Eigenschaften sind ihr nicht bekannt. Sie lässt sich von anderen benutzen, obwohl diese ihre Hilfe nicht wirklich brauchen. Ariane hat den Schlüssel für all ihr Probleme in der Hand.

Sonntag, den 28. Dezember 2008: Lebe ich das Leben oder lebt das Leben mich?
Sybille fährt mit mir die Straße hinunter auf einen Kreisel zu. Ich habe Angst, dass sie einen Unfall baut, wenn sie nicht rechtzeitig bremst und rechts abbiegt. Ich reagiere ziemlich spät und rufe im letzten Moment: „Rechts abbiegen." Ich habe das Gefühl, Sybille träume oder sei irgendwie komplett abgelenkt. Sie konzentriert sich auf etwas anderes. Durch meinen Ruf „rechts abbiegen" tritt sie voll auf die Bremse und reißt das Lenkrad nach rechts rum. Leider zu spät. Das Auto fährt mit der rechten Seite über die Erhebung im Mittelpunkt des Kreisels. Ich denke noch, hoffentlich kippt das Auto nicht um. Aber es kippt. Ich bin geschockt und denke sofort an Sybille. Ich frage mich, ob es ihr gut geht. Es kommt relativ schnell Hilfe herbei. Mir geht es gut, um Sybille kümmern sich

zwei Personen. Plötzlich ist sie nicht mehr da. Sie ist mit ihrem Kangoo nach Hause gefahren. Ich will sie anrufen, weil wir ja eigentlich verabredet waren. Ich nehme mein Handy, wähle ihre Nummer, erreiche sie aber nicht. Ich bin verwundert darüber, dass sie einfach nach Hause gefahren ist. In Gedanken sehe ich ihr verbeultes Gesicht. Ich bin darüber verwundert, dass unsere Verabredung nicht stattfindet.

- Auto = Ariane; stellt den Träumenden da
- Kippen = nicht mehr durchhalten können; Erschöpfungszustand steht bevor

Ariane hat dieses Jahr mit ihrer Familie Weihnachten zu Hause gefeiert. Für ein paar Tage wollen sie die Verwandtschaft ihres Lebensgefährten besuchen. Bisher hatte sie überhaupt keine Lust zu fahren. Im Laufe der Zeit hat sich das relativiert und sie hat sich damit abgefunden. Ariane ist so erschöpft, dass sie am liebsten zu Hause bleiben und sich ausruhen möchte. Ihr fehlt die Kraft. Die lange Fahrt und die Umgebung, in der sie sich dann befindet, rauben ihr noch mehr Kraft. Der Entschluss steht der Kinder wegen, sie freuen sich.
Ariane stellt sich häufig vor, wie es als Alleinerziehende ist. Immer wieder türmt sich dann der Schuldenberg aufgrund des Hauses vor ihr auf und sie träumt von viel Geld, damit sie ihren Lebenspartner auszahlen kann. Ariane träumt von einer liebevollen, leidenschaftlichen Beziehung, sitzt aber in einer Sackgasse, aus der sie nicht herauskommt.

5.4 2009: Alles bleibt, wie es ist

Ariane konnte erst in den frühen Morgenstunden einschlafen und hat viel über ihre Lebenssituation mit ihrem Lebensgefährten nachgedacht. In Gedanken hatte sie im Lotto gewonnen. Gleichzeitig bekam sie Angst, dass ihr Lebenspartner damit durchbrennen könne und sie davon nichts abbekäme. Der Entschluss in Ariane nimmt Formen an: Es muss sich etwas ändern. Ariane hat sich einige Situationen, Aktivitäten und Gespräche aus der Perspektive ihres Lebenspartners angesehen und kann ihn dadurch besser verstehen. Ihr Verständnis für ihn ist gewachsen. Ariane fragt sich jedoch, ob sie damit leben kann?

Donnerstag, den 01. Januar 2009: Seelenwächter

Ich habe eine kleine Karte in der Hand, auf der ein Name, eine Straße, eine Postleitzahl und eine Stadt stehen. Als ich mir die Karte ansehe, sticht die Straße hervor, Name, Postleitzahl und Stadt verschwimmen. Ich lese Seelenwächter Straße und gehe mit zwei oder drei Personen los. Ich nehme an, dass die Personen meine Familie sind, ich bin mir aber nicht sicher.

Wir kommen zu einem Tiergehege, das mit einem Maschendrahtzaun umzäunt ist. Der Zaun ist etwa zwei Meter hoch und schließt oben mit gewundenem Stacheldraht ab – wie an einer Gefängnismauer. Der Weg führt links am Gehege vorbei. Das Gehege besteht aus mehreren Einzelplätzen, die leer sind. Die Plätze sind karg, der Boden besteht nur aus Steinen. Wir haben etwa zwei Drittel des Geheges hinter uns gelassen, als ich von Weitem zwei oder drei Luchse am Ende des Geheges sehe. Ich bekomme Angst, beruhige mich dann aber wieder, weil mir klar wird, dass die Luchse nicht aus dem Gehege heraus können. In dem Gehege liegen Baumstämme, auf denen die Luchse stehen. Sie sind sehr wachsam, beobachten die Gegend. Sie sind gefährlich, das spüre ich und bin auf der Hut. Wir gehen langsam und leise weiter und plötzlich sehe ich, dass die Luchse mit einer vollkommenen Leichtigkeit auf die oberste Kante des Zauns springen können. Sie kommen mir vor wie Artisten, die durch die Luft hüpfen. Sie sind sehr wachsam, dies leise zu tun. Ich spüre eine Art von Hinterlist an ihnen. Mir wird unheimlich, ich bekomme mehr Angst, vor allem deswegen, weil wir diesen Weg weiter gehen müssen. Wir müssen irgendwie an diesem Gehege vorbei, ohne das uns die Luchse angreifen.

Ich sehe wieder in das letzte Gehege und plötzlich sind die Luchse weg. Wir gehen näher an den Zaun und ich sehe, wie uns eine Frau von der anderen Seite entgegenkommt. Sie ist in schwarz gekleidet und hat schwarze, schulterlange Haare. Die Frau benutzt ein Schlupfloch, ein Loch, das direkt vor mir im Maschendrahtzaun ist. Sie bewegt sich vorsichtig, leise, geduckt durch das Gehege, bis sie direkt vor mir steht. Sie erinnert mich an einen Ninja, aber ohne Kopfbedeckung. Sie wartet auf der anderen Seite im Gehege auf mich.

Das Loch sieht aus, als ob dort etwas hindurchgeschossen wurde.

Ich habe plötzlich einen Rucksack auf und die anderen

bezweifeln, dass ich da durch komme. Ich packe es aber an, steige durch das Loch, komme durch. Als ich durchsteige, bleibt der Rucksack an den Drahtenden hängen, er hindert mich aber nicht daran, auf die andere Seite zu gelangen. Ich kann durch das Gehege durchgehen, die Luchse sind nicht zu sehen, die Ninjafrau ist verschwunden. Den Weg gehe ich alleine, es ist niemand mehr bei mir.

- Luchs = Tiere zeigen, was tief in mir sitzt: Schnelligkeit, Reizbarkeit, Unberechenbarkeit. Ich spüre die Gefahr
- Gehege = Gefahr muss eingezäunt werden und darf nicht ausbrechen
- Artisten = Verdrängung von Gefühlen
- Verwandlung = durch die Unterdrückung, verwandeln sich die Gefühle
- Ninja = alle Aggressionen, die sich verwandeln

Tief in Ariane macht sich eine Gefahr bemerkbar. Abends, wenn alles ruhig wird, wird sie von einer inneren Unruhe besucht, die sie erst einmal nicht in Worte fassen kann. Die Gefahr, die sie spürt, ist immer da. Sie hat Angst vor ihr, kann sie aber keiner äußeren Ursache zuordnen. Jederzeit kann die Gefahr sich wandeln und physisch fassbar werden. Es kann ihr körperlich und seelisch schlechter gehen.

Ariane hat gelernt, darauf zu achten, dass die Angst in ihr nicht die Oberhand gewinnt. Ariane hat die Angst im Griff – denkt sie. Sie muss einfach nur so weiter machen wie bisher, denn das ist der richtige Weg, um die Angst in den Griff zu bekommen. So verschwindet die Angst irgendwann.

Die Gefahr ist verschwunden, sie verdrängt sie und dadurch kommt die Angst nicht ans Licht. Im täglichen Miteinander hat sich die Angst in Aggression gewandelt. Langsam werden Arianes Antworten aggressiver, ihre Gereiztheit nimmt zu. Sie wird streitsüchtig, ist weniger kompromissbereit und weicht einem Miteinander aus. Sie steigt mental aus der Beziehung aus, ist alleine und trauert.

Durch das Unterdrücken ihrer Gefühle erkennt Ariane einen wesentlichen Teil von ihr nicht an. Sie glaubt nicht an sich selbst. Ihre Angst gibt ihr Signale, sich an vielen Stellen zu korrigieren. Aber sie opfert sich weiter für andere auf, lebt weiter an der Oberfläche, ist unzufrieden und klammert sich an Menschen und Situationen, um mehr Sicherheit zu bekommen.

Auf was macht die Angst Ariane aufmerksam? Ariane hört ihre Signale nicht, die tief aus ihr selbst kommen, nämlich den Weg von der Wut in die Trauer alleine gehen zu müssen.

02. Februar 2009: Drei Träume von Krankheit

Erster Traum:

Ich versuche, die Tür aufzuschließen, habe aber Angst davor, was dahinter kommt und zögere. Ich bin nicht alleine und schließe sie doch auf. Ich sehe einen Swimmingpool mit einem Buch darin. Rechts vom Pool steht eine Frau mit meiner kleinen Tochter im Arm. Die Frau sieht sehr krank aus. Ich bin verzweifelt und erschrocken.

Lichtgespenster

- Swimmingpool, Wasser = Gefühle
- Tochter = die eigene Kindheit

Arianes Angst, von ihren Gefühlen überschwemmt zu werden, hält sie davon ab, ihre Gefühle wirklich zu fühlen. Die Unterdrückung ihrer Gefühle geht also weiter.

Zweiter Traum: Zukunftstraum
Sybille und ich sitzen auf einem Parkplatz und unterhalten uns. Mein Exmann kommt auf uns zu. Er war shoppen und hält mehrere Tüten in den Händen. Oliver und ich gehen zu ihm nach Hause, wo wir auf seine Freundin treffen. Sie hat sich verwandelt und sieht sehr krank aus. Sie ist gebrechlich, hat eine Psychose und macht es Oliver trotzdem gemütlich und bedient ihn. Durch ihre Krankheit sieht ihr Tun merkwürdig aus.

Ariane hat völlig das Gefühl für sich selbst verloren. Sie macht weiter, hört weder auf ihren Körper noch auf die körperlichen Symptome. Die Lebensangst steigt, doch sie unterdrückt sie, indem sie weiter dient und funktioniert. Selbst ihre Umwelt ignoriert ihren körperlichen Zustand.

Dritter Traum: Grippe
Ich bin bei der Arbeit. Ich begrüße meine Studenten, halte einen kurzen Vortrag und gebe ihnen eine Aufgabe. Ein Student, den ich besonders mag und der sehr attraktiv ist, fängt an zu schwitzen. Er ist fiebrig, schiebt seine Krankheit

aber zur Seite und beachtet sie nicht weiter. Er hat eine Grippe.

Arianes Leben funktioniert trotz verschiedener körperlicher Symptome. Ariane geht zu verschiedenen Ärzten, um ihr Leiden in den Griff zu bekommen. Die Ärzte finden keine wirkliche Erklärung für ihre Symptome. An ihr wurden alle möglichen Untersuchungen durchgeführt – negativ. Die Schmerzen integriert sie als etwas Normales in den Alltag. Sie lächelt darüber und versteckt all den Kummer, ihre Sorgen, Nöte und Schmerzen hinter einer Maske. Nur enge Freunde wissen, wie es ihr geht. Ariane ist krank. Sie ist in ihren alten Mustern gefangen und macht weiter, ohne die Zusammenhänge zwischen ihrer Erschöpfung und den körperlichen Symptomen zu sehen.

Die Nächte sind unruhig. Da Ariane weiterhin ihrem Selbst nicht zuhört, überhäuft es sie in der Nacht mit verschiedenen Träumen, die im Wesentlichen dasselbe aussagen. Die Träume schicken symbolisiert Warnungen zu ihrem schlechten Gesundheitszustand. Immer wieder zeigen die Träume, wie es ihr geht, häufig in Form von Statusträumen, die von den am Tag nicht zugelassenen Gefühlen unterstützt werden.

Ihre Gedanken drehen sich immer wieder um ihre aktuelle Situation, um die Beziehung zu ihrem Lebenspartner und ihr Leben. Ist das die beste Variante ihres Lebens? Wie sieht eine andere Version aus? War es richtig, gemeinsam das Haus zu bauen und sich so in diese abhängige Situation zu bringen? Ihr

Lichtgespenster

Gefühl sagt ihr, es ist nicht die beste Variante ihres Lebens, es gibt zu diesem Zeitpunkt jedoch keine Alternative. Arianes Gedanken und Visionen hängen fest.

Sie geht an ihre Themen immer wieder mit dem gleichen Denkmuster heran, ohne eine Lösung zu finden, sie findet immer wieder dieselben Antworten.

Die innere Angst, die Ariane unterschwellig begleitet, scheint ihre Kreativität zu stoppen. Am Morgen freut sie sich auf den Abend, um sich dann auszuruhen. Die Träume stellen die Situation dar, aber leider keine Lösung.

Dienstag, den 03.02.2009: Das Leben ändern, die Gesamtsituation verändern

Ein gut aussehender, mir unbekannter Mann und ich sind unterwegs. Ein weiterer Mann ist dabei, von dem ich aber nur die Gestalt sehe, nicht sein Aussehen. Wir gehen auf einem Fußweg und ich rede auf ihn ein, weil er von einer Kugelbahn eine Kugel geklaut hat und ich der Meinung bin, dass er sie wieder zurückgeben solle. Der gut aussehende Mann hört nicht auf mich. Er findet die Situation komisch und lustig zugleich. Ich versuche es mit Engelsgeduld, aber es klappt nicht. Wir gehen weiter und der gut aussehende Mann wird von dem anderen Mann ins Bein geschossen. Wir erschrecken und sehen eine Frau, die kurze Zeit nach dem Schuss aus einem Fenster in den oberen Stockwerken eines Hauses schaut. Die Frau ist Ausländerin, blond und spricht mit russischen Akzent. In der Hand hält sie eine Pinzette mit der Kugel aus dem Bein.

„Ich habe die Kugel schon entfernt. Ich mache das immer auf diese Art und Weise.“ Die Kugel ist winzig klein und aus Gold. Ich habe einen langen, weißen Schal in der Hand, mit dem ich die Wunde wie mit einem Druckverband abbinde.

- Männer = Animus
- Animus eins und zwei = zwei Lebensstränge, an denen Ariane Zweifel hat; spricht für eine starke Frau
- Zwei = Zweifel; keine Eindeutigkeit in Bezug auf die Lebensstränge
- Beine = symbolisieren die Standfestigkeit im Leben
- Kugel = das ganzheitliche Denken, es wird geklaut = abgeschossen
- Frau = Arianes Schatten
- Gold = geistige Werte in Verbindung mit dem ganzheitlichen Denken
- Weiß = die Reinheit, aber auch verdeckte Trauer

Der Traum ist sehr global. Er bezieht sich auf Arianes Gesamtsituation. Zum einen möchte sie eine Familie haben, in der sie die Rolle als liebevolle Mutter hat, und zum anderen möchte sie sich von all dem losreißen und ein Leben als Single führen. Aufgrund ihrer Überforderung im Berufsleben und im Alltag, der vorhandenen Lieblosigkeit in der Partnerschaft möchte sie ausreißen und mit ihren Kindern alleine leben. Immer wieder kommen in Tagträumen die Gefühle von Freiheit und Unabhängigkeit zum Ausdruck.

Ihre gelernten Muster bieten ihr die Rahmenbedingungen für ihr Leben. In diesem Rahmen bewegt sie sich und findet ihren Halt. Ariane glaubt, dass Veränderungen möglicherweise irgendwann automatisch stattfinden, wie ein Hamster in einem Rad, der im Kreis läuft und denkt, er komme irgendwann einmal an sein Ziel.

Mittwoch, den 04. Februar 2009: Klare Entscheidungen treffen fällt schwer

Erster Traum: Entscheidungen treffen

Zusammen mit meiner Kollegin Katja Kopf stehe ich in unserem Büro. Das Büro ist leer und es stehen Möbel ungeordnet in der Gegend herum. Mein Chef, Herr Maler, fragt um Rat, wie wir den großen Besprechungstisch hinstellen sollen und macht zugleich einen Vorschlag, revidiert den Vorschlag aber gleich wieder, weil er sich unschlüssig ist.

Zweiter Traum: Interessenlosigkeit am Leben

Ich halte einen Vortrag vor Studenten in einem großen Saal. Es stehen sehr viele Tische und Stühle in mehreren Reihen hintereinander und jeder Stuhl ist durch einen Studenten besetzt. Herr Maler sitzt rechts von mir in einer Reihe weiter hinten und langweilt sich während meines Vortrags. Auf der linken Seite unterhalten sich Studenten. Sie stören mich. Daraufhin gebe ich Herrn Maler ein Zeichen, er möge die Studenten zum Schweigen bringen. Ich schlage vor, er solle laut pfeifen. Herr Maler schlägt stattdessen vor, diejenigen sollten gehen, die kein Interesse haben. Daraufhin kommt Bewegung in den Saal und etwa ein Drittel der Studenten verlässt den Raum. Es waren fast nur männliche Studenten. Ich gehe auf Herrn Maler zu, als mir Kinder mit einer Geige oder einem Cello entgegenkommen. Sie ziehen ihr Instrument hinter sich her.

Entscheidungen zu treffen, ist nicht Arianes Stärke. Symbolisiert wird das durch ihre Arbeitskollegin Katja. Katja ist in ihre berufliche Rolle *reingerutscht*. Durch Tätigkeiten, die nicht ihren Eigenschaften und Fähigkeiten entsprechen, findet Katja kein wirkliches Zuhause in sich.
Ariane möchte mit ihren Fähigkeiten und Eigenschaften auf der Bühne stehen und gesehen werden. Dadurch, dass Ariane nicht von innen heraus agiert, ihre Fähigkeiten und Eigenschaften nicht kennt, langweilt sie andere und kann sie nicht von dem, was sie sagt, überzeugen. Die innere Zielausrichtung fehlt. Ihr Leben steuert sie über den Kopf, über das Funktionieren und Abarbeiten.

Dienstag, den 10. Februar 2009: Momentaufnahme! Das Leben gestalten lernen
Susanne und ich sind in der Autostadt in Wolfsburg. Susanne schlägt vor, auf einem Pferd zu reiten. Mein Pferd ist braun und trägt als Halfter eine Schnur. Ich steige auf und möchte losreiten. Das Pferd ist aber widerspenstig und lässt es nicht zu. Ich steige wieder ab, um es an der Leine zu führen. Auch

das ist nicht so einfach. Während des Spaziergangs mit dem Pferd treffe ich auf meine Mutter und ihren Mann Jörg. Jörg hat ein ganz rotes Gesicht und meine Mutter sieht von Weitem untersetzt und kleiner aus als sonst. Sie hat einen Fotoapparat bei sich und möchte mich fotografieren. Ich bringe das Pferd weg und komme dann wieder, damit sie ein Bild von mir machen kann.

- Pferd = stellt die dynamische Kraft, die Energie es Träumenden dar
- Braun = repräsentiert das Bodenständige
- Widerspenstig = wehrt sich gegen Anteile im Leben
- Foto, fotografieren = sich von etwas oder jemandem ein Bild machen. Eine Situation oder Menschen *festhalten*

Der Mensch ist geboren, um sein Leben schöpferisch zu gestalten, nicht um zum Opfer anderer Menschen zu werden. Menschen, die zum Opfer werden, fühlen sich dem Leben gegenüber machtlos, beschweren sich den ganzen Tag und lassen sich *vom Leben leben*. Die eigene Kreativität ist durch all die Unsicherheiten, Ängste und Wut verloren gegangen. Das Leben blockiert das Vorwärtskommen. Jeder Schritt fühlt sich schwer und zäh an. Solche Menschen gehen in die falsche Richtung und werden durch das anstrengende Leben darauf hingewiesen.

Die Frage, die hinter Arianes Traum steht, lautet: Möchte sie ihr Leben aktiv mitgestalten? Möchte sie ihr Potenzial nutzen?

Wie möchte Ariane dereinst auf ihr Leben zurückblicken und was möchte sie dann sehen?

Mittwoch, den 11. Februar 2009: Von der Bewusstseinsebene hin zur Intuition

Mit mehreren Menschen besuche ich Chris, einen Freund von mir aus Saarbrücken. Wir sind bei ihm im Hausflur und wollen nach oben. Ein paar von uns entscheiden sich, mit dem Fahrstuhl zu fahren, ich gehe lieber zu Fuß, weil ich dem Fahrstuhl nicht traue. Aber auch die Treppe ist nicht einfach zu besteigen, weil sie ein offenes Treppengeländer hat und es keine Möglichkeit gibt, sich festzuhalten. Die Gefahr, dass ich abstürze ist dadurch erhöht. Hinter mir ist eine Person, die mich überholen möchte, ich bin aber schneller oben und komme sicher an. Ich bin mir unsicher, ob Chris im zweiten oder dritten Obergeschoß wohnt. Im dritten OG entdecke ich sein Namensschild, das durch eine Schiebetür halb verdeckt ist. In der Wohnung befinden sich schon ein paar Leute, die eine kleine Geburtstagsparty feiern. Wir trinken Espresso macchiato und ich erzähle Chris dabei, dass ich im Internet gesehen habe, dass er in Dagstuhl arbeite. Chris fragt mich, wo Dagstuhl sei und fängt an zu lachen. Er fragt mich, wie ich das rausgefunden habe.

Die Gäste sind plötzlich verschwunden und Christian geht ins Schlafzimmer, um ein Buch zu holen. Den Inhalt des Buches finde ich schwierig. Allerdings ist es gut strukturiert und die Schrift ist nicht so klein.

Lichtgespenster

Plötzlich stehe ich nackt mit dem Buch in der Hand im Zimmer. Chris hatte das Zimmer verlassen und kommt mit nacktem Oberkörper wieder zurück.

- Buch = Wissen über das Leben

Der Traum spielt sich auf der Bewusstseinsebene ab. Das Wissen, wie Menschen ihr Leben gestalten, ist in jeden Menschen intuitiv abrufbar. Je stärker wir uns selbst treu sind, desto größer ist die Wahrscheinlichkeit, dass wir unser individuelles Potenzial entfalten. Das Erkennen des eigenen intuitiven Wegweisers, der inneren Stimme, wird von den täglichen Ablenkungen oder durch Stress beeinflusst. Dadurch fällt es uns schwer, auf uns zu hören und ein Gefühl für unseren individuellen Lebensweg zu entwickeln. Angst und weitere negative Gefühle verdecken die eigene Lebenskraft und legen einen Schleier über unsere Intuition. Der Zugang zu uns selbst ist blockiert. Das Ego steuert das Leben und lässt immer weniger die Intuition entscheiden. Lebensentscheidungen werden rein über den Kopf getroffen. Das trifft auch auf Ariane zu. Entscheidungen beruhigen das Ego, entsprechen aber oft nicht dem eigenen Lebensfluss. Zu oft kreisen ihre Gedanken um Themen, auf die sie, wäre sie sich treu geblieben, gar nicht getroffen wäre. Authentische Lösungen kann es nur geben, wenn Ariane zur Ruhe kommt.

Freitag, den 13. März 2009: Die Möglichkeiten des Lebens nutzen

Unser Garten besteht zurzeit nur aus einem großen Acker, auf dem sich gute Möglichkeiten finden, etwas anzupflanzen. An der einen Stelle befindet sich ein riesiger rechteckiger Graben. Das Bild verändert sich und das ganze Grundstück ist plötzlich mit Gräben durchzogen, über denen Hängebrücken angebracht sind. Kinder versuchen, auf diesen Brücken die Gräben zu überqueren. Es macht ihnen Spaß, über diese wackligen Brücken zu laufen. Die Kinder fallen, halten sich gut fest und überwinden ohne große Schwierigkeiten die Brücken. Es ist Nacht, dunkel, klar mit einer wunderbaren kühlen Luft.

- Kinder = alle Möglichkeiten, das Leben zu gestalten
- Brücke = etwas überqueren, Gefühle zu überwinden
- Gräben = etwas unüberwindbares im Leben

Kinder haben noch die Leichtigkeit, das Leben so zu nehmen, wie es kommt. Sie kennen keine Hindernisse, sondern versuchen immer, ihren Weg zu gehen ohne über das *Wenn und Aber* nachzudenken. Der Traum zeigt auf, dass es viele Hürden im Leben gibt, aber auch viele Möglichkeiten, sie zu überwinden. Der Traum zeigt Ariane, loszugehen, die aktuellen Hindernisse zu überbrücken, auf ihre Intuition zu hören, sich selbst zu vertrauen. Genau dann wird sie ihren Lebensweg mit Leichtigkeit gehen.

Der Acker ist noch nicht bepflanzt und sie hat alle Gestaltungsmöglichkeiten der Welt, daraus etwas Fruchtbares zu machen.

Lichtgespenster

Samstag, den 14. März 2009: Polaritätsgesetz – das Auf und Ab im Leben

Es ist Tag und ich bin mit meinem Fahrrad unterwegs. Langsam bricht die Dämmerung herein und es wird dunkel. Bald kann ich nichts mehr sehen. Ich fahre trotzdem weiter, ein bisschen Angst habe ich schon. Ich sehe aber auch, wie die Sonne wieder langsam aufgeht und es hell wird. Ich bin durch die stockfinstere Nacht gefahren. Es ist wieder Tag.

- Fahrrad = individuelles Gefährt
- Tag und Nacht = Polarität im Leben.

Das Leben verläuft wie eine Sinuskurve, es geht auf und ab. Mal verläuft das Leben so, wie wir es uns vorstellen, und manchmal kommen Hürden auf uns zu, die erst einmal unüberbrückbar scheinen. Ariane kann sich sicher sein, dass nach jeder Nacht wieder der Tag folgt. Das ist das Leben: In allem Schönen, Hellen ist auch etwas Dunkles, Unangenehmes. Beide Pole treten immer zusammen auf. Das Licht im Schatten zu suchen, fällt uns Menschen schwer. Auch Ariane sieht nur ihre aktuelle Situation: ihre eingefahrene Lebenssituation, den Ärger mit ihrer Kollegin, ihren Neid, eine Beziehung, die nicht funktioniert. Aber auch hier ist das Licht: ihre Kinder und all das, was das Leben lebenswert macht.

Ariane kommt nicht ins Handeln. Sie wartet auf ein Wunder und wird aufgrund ihrer Kraftlosigkeit nicht aktiv. In dem Glauben, dass wir so Sicherheit erhalten, bleiben wir oft bei dem, was wir kennen.

Dienstag, den 17. März 2009: Keine Müllhalde mehr

Ich stehe vor einem Reihenmittelhaus mit roten Klinkersteinen und blicke auf die andere Straßenseite. Dort nähert sich eine Frau mit einem Kinderwagen einer eingezäunten Müllstelle. Die Müllstelle besteht aus einem Müllcontainer und herumliegenden, halb offenen blauen Müllsäcken. In den Müllsäcken befinden sich braune, aus Ton gefertigte Blumentöpfe mit Gras und Stroh. Die Müllstelle ist für die Stadt hergerichtet, die Einwohner der Stadt dürfen sie nicht nutzen. Die Frau mit dem Kinderwagen versucht, einen Kassenzettel in den großen Müllcontainer zu werfen. Der Müllcontainer ist randvoll und selbst der Kassenzettel passt kaum hinein.

Ich gehe um die Müllstelle herum und sehe eine zweite eingezäunte Müllstelle, die aussieht wie ein eingezäuntes Stück Rasen. Ich bin nicht damit einverstanden, dass die Frau dort ihren Kassenzettel (Müll) ablegt. Ich stehe wieder vor dem Haus und brülle der Frau zu, dass ich das nicht gut finde. Der Frau ist das sehr unangenehm.

Sie kommt auf meine Straßenseite und ich erkläre ihr, dass bei jedem kleinen Windstoß die Zettel zu mir herübergeblasen werden und auf meinem und auf den Grundstücken der anderen Einwohner verteilt werden.

- Müll, Müllstelle, Müllsäcke = Altlast im Leben, die wir versuchen zu unterdrücken und nicht zu sehen
- Auf den anderen Grundstücken verteilen = den eigenen Schatten auf andere Menschen projizieren

Lichtgespenster

Ariane hat in ihrer Kindheit gelernt, aufmerksam zu sein, Wünsche von den Lippen abzulesen und ihrem sozialen Umfeld zu dienen. Sie kann gut zuhören und stellt ihre eigenen Bedürfnisse in den Hintergrund. Durch den Traum soll sie wachgerüttelt werden, nicht mehr für den gedanklichen Müll anderer da zu sein. Selbst Kleinigkeiten anderer Menschen werden ihr zu diesem Zeitpunkt zu viel. Ihr Seelenmülleimer ist voll.

Samstag, den 17. Mai 2009: Das Lebenskarussell
Das Karussell dreht sich mit dem Uhrzeiger, es hält plötzlich an und ich lande direkt auf dem Schoß eines sehr gut aussehenden Hausmeisters. Die Situation ist witzig, mir gefällt das irgendwie. Gleichzeitig ist es mir aber auch unangenehm und ich entschuldige mich, dass ich so plötzlich auf seinem Schoß gelandet bin.
Ich steige aus dem Karussell aus und gehe zusammen mit meiner Mutter auf dem Fußweg. Es ist Tag. Die Straße ist leer. Plötzlich läuft ein großer schwarzer Hund neben uns auf der Straße entlang. Ich sage meiner Mutter, dass sie keine Angst haben müsse, der Hund würde uns nichts tun.
Ich suche auf der Straße ein Haus mit einer offenen Tür. Die Familie des Hauses ist im Flur. Der Hund sieht, dass die Tür offen steht. Er läuft in das Haus und greift die dort befindlichen Personen an. Drei Männer von ihnen versuchen, den Hund zu bändigen, und kämpfen mit ihm. Ich schreie: „Polizei“ und

denke, dass der Mann mit seinem Sohn auf dem Arm die Polizei rufen wolle. Der geht aber in das Gäste-WC.
Meine Mutter geht an dem Haus vorbei. Die Straße macht eine leichte Linksbiegung. Als sie näher kommt, sehe ich, dass sie nur ein Kleid anhat. Sie hebt es hoch und ein Penis wird sichtbar, der über einer Vagina hängt. Sie öffnet die Vagina mit den Händen und sagt, dass ein bestimmter Prozentsatz der Bevölkerung mit beiden Genitalien zur Welt komme. Ich denke an meine Tochter und hoffe, dass ihr das nicht passiert.

- Karussell, Lebenskarussell = innere Uhr
- Rechtsherum = läuft in die richtige Richtung
- Hausmeister = Mein Animus symbolisiert die männliche Seite. Er ist mein Energiepool
- In den Schoß fallen = Ich falle immer wieder rein. Die Gefühle sind wichtig: Die Situation ist witzig und gleichzeitig unangenehm
- Straße = mein alltäglicher Weg
- Mutter = steht für Schutz, Wärme, Treue, Anpassung; sieht die Bedrohung
- Hund = aggressives Potenzial in mir
- Die Zahl Drei = alle guten Dinge sind drei
- Hermaphroditismus = zweigeschlechtlich, zwittrig, Sexualität. Beide Hälften, männlich und weiblich gehen zusammen. Rechts und links gehen zusammen
- Tochter = Ich wünsche meiner Tochter etwas anderes in Bezug auf die Sexualität

Lichtgespenster

Ein sehr archaischer Traum, der tief ins Unterbewusstsein geht. Die innere Uhr dreht sich richtig herum. Ariane kommuniziert mit ihrer Seele. Sie spricht den männlichen Teil ihrer Seele an, der sehr schön ist, der ihr aber auch unangenehme Gefühle bereitet. An welcher Stelle ihres Lebens verleumdet sie sich?

Ariane geht ihren Weg, fühlt sich aber durch ihre unangenehmen Gefühle bedroht. Das Symbol Mutter sieht die Bedrohung und spürt, wie ein aggressives Potenzial in ihr aktiv wird.

Die Zahl Drei, hier in diesen Traum symbolisiert durch drei Männer, ist seit jeher eine magische Zahl. Die Drei hat im Traum die Symbolbedeutung von Geist und schöpferischer Kraft. Durch die drei Männer wird der männliche Aspekt im Traum verstärkt. Es geht im Wesentlichen um die Integration der männlichen Aspekte in Arianes Leben. Sie lebt sie zu wenig, was dazu führt, dass die Gefühle von Bedrohung und Aggression nach außen drängen wollen. Ariane begleitet ein unterschwelliges Gefühl von Angst. Das versucht sie tagsüber durch Ablenkung zu unterdrücken.

Die Mutter im Traum stellt die Einheit zwischen Mann und Frau dar. Anscheinend ist eine Integration von männlichen und weiblichen Anteilen zu wenig erfolgt. Das hat zur Folge, dass die durch ihre kindliche Erfahrung gelernte Sexualität mit einem Aggressionspotenzial einhergeht. Sie lehnt sie aus diesem Grund ab. Ariane wünscht ihrer Tochter und letztendlich auch sich selbst etwas anderes als das, was sie durch ihr damaliges soziales Umfeld erlebt hat.

Der Traum symbolisiert aber auch, dass Ariane sich in einem energetischen Gleichgewicht befindet. Beide Geschlechter haben in ihr eine ausgewogene Lebensberechtigung. Die tägliche Erschöpfung, die sie begleitet, basiert auf der unterdrückten männlichen Energie. Der Traum deutet dies durch die Symbolkraft des Hundes an – alle Gefühle sollen gelebt werden.

Die Angst, auch negative Gefühle zuzulassen, sitzt in Ariane tief. Gefühle nicht mit traumatischen Gedankenbilder zu verbinden, sondern die Gedanken einfach vorbeiziehen zu lassen, ist eine große Herausforderung für sie. Die Seele möchte Erfahrungen machen, gute und auch nicht so gute. Die guten sowie die *schlechten* Gefühle haben eine Existenzberechtigung. Die Seele weiß oft mehr, als wir wahrhaben möchten.

Viele Menschen hören ihre Seelenstimme nicht mehr. Sie verliert an Lautstärke, wenn wir im täglichen Leben abgelenkt sind. Das Gefühl für den eigenen Körper geht verloren, so auch die Verbindung zwischen Körper, Geist und Seele. Der Körper funktioniert und die Gedanken suchen nach Erklärungen für körperliche Erkrankungszustände. Gefühle werden unterdrückt, um sie nicht mehr zu fühlen.

Montag, der 29. Juni 2009: Situationstraum, ein Ort der Darstellung

Ich betrete die Bühne von hinten und nehme das Mikrofon in die Hand. Auf der Bühne stehen verschiedene Gegenstände, wie z. B. ein Lautsprecher, die im Vorbeigehen nicht unüberwindbar sind, aber irgendwie im Weg stehen. Die Musik erklingt und ich will anfangen zu singen. Auf der Bühne ist es sehr windig und ich stehe auch viel zu weit hinten. Die ganze Inszenierung ist Playback, ich bin auch nicht textsicher, da ich nur einige Stellen des Liedes kenne. Ich gehe weiter nach vorn auf die Bühne, damit man mich besser hören kann, als ein Windstoß kommt, der mich beinahe von der Bühne weht. Ich kann mich halten, schalte das Mikrofon an und fange an zu singen.

- Singen, Lied = sich ausdrücken; dem Leben einen Sinn geben
- Bühne = ein Ort der eigenen Darstellung
- Mikrofon = etwas von sich verstärken; stärker zum Ausdruck bringen

Die Bühne im Traum ist der aktuelle Schauplatz des Lebens. Ariane fühlt sich auf dieser Bühne unsicher, sieht aber keine Bedrohung. Anscheinend steht sie auch auf dem falschen Platz, nämlich im hinteren Bereich. Sie nimmt nicht ihre ganze Lebenspräsenz ein, sie zeigt sich nicht vollständig. Ihre zaghaften Versuche, gehört und gesehen zu werden, so, wie sie wirklich ist, stoßen auf Widerstand. Sie wirkt unsicher in ihrer Position vorn auf der Bühne. Der Traum rät ihr, ihr Lebenslied zu singen, trotz dieser Unsicherheit, trotz der unangenehmen Gefühle. Welches Lied das ist, verrät der

Traum nicht.

Montag, den 20. Juli 2009: Leben, Umwelt und Wachstum

Ich bin in der Gartenabteilung von Denn's Bioladen und sehe mir einen Pflaumenbaum an, den ich gern in meinen Garten pflanzen möchte. Der Strauch wächst in einer grauen, runden Schale, die von einem Sägeblatt, dessen Zähne nach unten gerichteten sind, ummantelt wird. An der Spitze des Strauchs sind blaue Blüten zu sehen.

Annelores Mutter, eine sehr ökologisch ausgerichtete, depressive Frau, steht bei mir und erklärt mir das Wachstum der Pflanze. Ich entschließe mich, sie mitzunehmen. Annelores Mutter schlägt vor, den Baum liefern zu lassen, und schaut dabei auf ihre Uhr. Bis Viertel vor elf wäre das kein Problem, es ist Viertel nach zehn. Sie fragt nach meiner Adresse und schafft es nicht, die Buchstaben aufzuschreiben. Stattdessen macht sie irgendwelche Schriftzeichen, die wie ein kleines m aussehen. Ich schreibe ihr die Adresse auf eine Folie, die wie eine Abziehfolie zum Aufkleben wirkt. Der Stift ist ein schwarzer Edding. Auch ich schreibe am Anfang etwas unsicher, man kann aber die Adresse gut lesen. Ich versichere mich noch einmal, ob die Pflanze auch wirklich heute geliefert wird. Annelores Mutter bestätigt es mir noch einmal.

- Baum = Seelenenergie
- Sägeblatt, das den Topf zusammenhält = Einengung, die der Träumer sieht
- Bio, öko = reinliche Stoffe, Naturverbundenheit

- Quersumme der Zahl / Uhrzeit 10:15 Uhr = 7
- Quersumme der Zahl / Uhrzeit 10:45 Uhr = 10 = 1
- Pflaume, Rosengewächs = weibliches Geschlecht, Fruchtbarkeit; Rose als Symbol der Ganzheit: was wächst im Träumer zusammen?
- Adresse = Wird es meine Adresse bleiben, bin ich noch am rechten Ort?
- Wachstum = Mein Wachstum ist eingeengt
- Adresse = Wo stehe ich emotional, da bin ich zurzeit

Die Seelenenergie kann wachsen, wenn das Leben erfahren wird. Die Seele von Ariane befindet sich im Anfangsstadium der Entwicklung zu einem schönen, großen Baum oder Strauch. Der Traum spricht die weibliche Energie an, sie soll wachsen und gedeihen. Für Ariane ist es wichtig, sich ihren eigenen Lebensstandpunkt klar zu machen. Wo befindet sie sich gerade, was will sie ändern und wo will sie hin? Der Traum hat viel mit Leben, mit Bio- und Ökologie zu tun, also mit Wachstum, Arianes eigener Umwelt und ihrem Lebensstil. Ist dieser Ort für Ariane noch der richtige?

Donnerstag, 23. Juli 2009: Einen neuen Weg gehen
In einer Eckkneipe in Fallersleben sind sehr viele Kollegen von mir. Es herrscht eine gute Stimmung, es wird aber keine Musik gespielt. Peter, ebenfalls ein Arbeitskollege von mir, ist auch da. Er wirkt im Vergleich zu den anderen Anwesenden recht

groß. Peter erzählt mir, dass er sich als Vertrauensmann wählen lassen möchte. Dabei fällt mir ein, dass dies auch ein anderer Kollege machen möchte.

Ich gehe raus und treffe eine mir bekannte blonde Frau. Sie hat ein Fahrrad bei sich und erzählt mir, dass sie mich sehr sympathisch fände. Sie mag mich. Ich erzähle ihr, dass ich jetzt zu meinem Auto gehe. Der Weg dorthin führt bergauf durch eine schmale, dunkle Gasse. Der Weg dorthin ist frei, ich habe weder Angst noch ist es mir unheimlich, dort langzugehen. Meinen Schlüssel habe ich in meiner Tasche, ich spüre den Schlüssel und gehe los.

- Vertrauensmann, zwei Männer = der Träumer hat Zweifel. Er vertraut sich nicht selbst.
- Auto = Ariane
- Schlüssel = die Lösung ist im Träumer vorhanden. Er hält den Schlüssel in der Hand.
- Weg = den eigenen Weg gehen. Das Leben meint es immer gut mit den Menschen.

Die Seele spricht immer intensiver mit Ariane und gibt ihr durch diesen Traum den Rat, ihren eigenen Weg zu gehen. Der Weg liegt direkt vor ihr. Den Schlüssel, die Erkenntnis, dass es so weit ist, trägt sie bei sich. Ariane fühlt den Schlüssel schon und geht im Traum los. Ein wesentlicher Anschub besteht darin, dem Leben und sich selbst zu vertrauen. Doch dann kommen viele Argumente auf: Wie mache ich das? Ich habe kein Geld. Das geht nicht, weil ... So wird der Startzeitpunkt immer weiter in die Zukunft geschoben. Der Kopf traut sich nicht, zu handeln. Die Umsetzung des Traumes bleibt aus. Die Gedanken und Erfahrungen werden der Intuition gegenüber gestellt. Neues wird ungern zugelassen.

Samstag, den 25.07.2009: Heilung erfolgt aus dem Inneren
Ich bin bei einer Heilpraktikerin, die mir eine Überweisung für einen Arzt gibt. Ich rufe gleich dort an und lasse mir einen Termin geben. Allerdings muss ich drei bis vier Stunden Wartezeit mitbringen. Meine Mutter, meine Tochter und ich fahren mit dem Fahrrad dorthin.
Wir kommen auf dem Grundstück des Arztes an und sehen die Heilpraktikerin aus einem Loch im Boden herauskommen. Sie hat die Kleidung eines Schornsteinfegers an und auch die entsprechenden Werkzeuge dabei. Ich wundere mich darüber, dass die Heilpraktikerin noch eine zweite Beschäftigung ausübt und frage sie danach. Sie gibt mir aber keine Antwort darauf, sondern schmunzelt nur. Wir fahren weiter und ich denke, dass ich überhaupt keine Zeit habe, drei bis vier Stunden zu warten. Umso überraschter bin ich, als ich im Wartezimmer ankomme und kein Mensch dort wartet. Es ist 16:30 Uhr. Ich gehe durch das Wartezimmer und höre den Arzt sprechen. Die Tür zum Behandlungszimmer ist offen und ich sehe ihn telefonieren. Er ist ein dunkelhaariger, kleinwüchsiger Mensch, der ziemlich unruhig ist. Ein Laptop steht vor ihm. Gerade sagt er ins Telefon, dass er noch einen Patienten habe und auflegen müsse.

Ich gehe zu ihm an den Laptop und bin leicht genervt. Ich lege meine Hände auf seinen Laptop und möchte ihm helfen. „Die Problemlösung ist relativ einfach“, sage ich, aber der Arzt lehnt meine Hilfe ab. Ich zeige ihm meinen rechten Fuß. Der Arzt gibt mir ein Rezept und ich gehe raus.

Mit meinem Fahrrad fahre ich einen Weg entlang, auf dem ich zwei Frauen treffe. Es ist genug Platz, um aneinander vorbeizukommen. Wir halten direkt vor einem riesigen Aquarium an. Das Wasser ist trübe, es schwimmt genau ein Fisch darin. Ich glaube, es ist ein Rochen mit einem großen Maul, das aussieht wie angeschwollene Lippen. Der Fisch schwimmt im Wasser unruhig hin und her und kommt vorn an die Scheibe. Das Aquarium ist mit einem Maschendrahtzaun eingezäunt. Links neben dem Aquarium ist ein Garten, der nicht besonders auffällig ist. Das Aquarium wie auch der Garten ist quadratisch.

Die beiden Frauen und ich unterhalten uns über den Arzt. Wir diskutieren, dass das Durchkommen hier auf dem Radweg überhaupt kein Problem sei.

- Fuß = die Standfestigkeit im Leben
- Schornsteinfeger = Glückssymbol
- Loch = Ich komme aus der Tiefe zum Glück
- Animus = Der männliche Anteil ist verkleinert, ich muss mich zurücknehmen
- Scheide, Lippen, Geschlechtsteil = weibliche Rolle, weiblicher Anteil wie Liebe, Sinnlichkeit, Zärtlichkeit

Lichtgespenster

- Männlich, weiblich = Yin und Yang; macht den Träumer im Moment nicht richtig glücklich

Der Traum kommt tief aus dem Unterbewusstsein. Arianes Sicht auf ihren eigenen Lebensweg ist getrübt. Es wird deutlich, dass ein Ungleichgewicht zwischen ihrem männlichen und weiblichen Teil herrscht. Dies wird durch die Heilpraktikerin symbolisiert, die wie ein Schornsteinfeger gekleidet aus dem Loch im Boden krabbelt. Der Traum handelt von ihrem Wohlbefinden, vom Glücklichsein, von Heilung. Die Seele zeigt deutlich, dass ihr Ärzte bei der eigentlichen Heilung nicht behilflich sein können. Ärzte können häufig nur eine Linderung der Symptome bewirken, weil keine Ursachen für Erkrankungen gefunden werden. Ariane muss ihren eigenen emotionalen Heilungsweg gehen, einen höheren Weg, der einige Zeit beanspruchen wird. Wie bereits in früheren Träumen angedeutet, führt die Heilung über Gefühle, ohne sie mit bedrohlichen Gedanken in Verbindung zu bringen. Durch das Fühlen und das Annehmen erlangen wir seelische Heilung. Im Leben will Ariane immer alles sofort, jetzt und schnell. So kennt sie es aus der Berufswelt und ihrem täglichen Funktionieren. Durch die Unbeweglichkeit des Fußes wird ihre Bewegungsfreiheit behindert. Die Standfestigkeit im Leben fehlt. Sie hat daher kein Vertrauen in das eigene Vorwärtskommen.

Sonntag, den 13. September 2015: Die Prinzipien des Lebens

Auf dem Beifahrersitz eines Autos werde ich zu Heinz und Uta gefahren. Beide sitzen auf verschiedenen Sofas, weit voneinander entfernt. Uta ist reserviert und sauer, weil ich meine Schulden nicht bezahlt habe. Mir war das gar nicht klar und ich versuche, herauszufinden, wann ich die Schulden bei ihr gemacht habe. Uta kann es mir nicht sagen und schickt mich zu Heinz. Heinz weiß es dagegen ziemlich genau und ich sage ihm, dass ich die Schulden sofort begleichen werde. Heinz gibt mir einen Taschenkalender, auf dem am unteren Ende die Kontonummer steht. Bei der Kontonummer fällt insbesondere die Zahl 8 auf. Des Weiteren kommen mir die Zahlen 1, 17, 4 und 2 als sehr wichtig vor. Ich soll insgesamt 41 Euro überweisen.

- Eins = symbolisiert das Unteilbare
- Zwei = zeigt das Polaritätsgesetz, dass alles auch einen Gegenpart hat: Yin und Yang, Gut und Böse, Hell und Dunkel, Weiß und Schwarz usw. Zwei symbolisiert auch oft die Zweifel, die wir haben.
- Vier = verkörpert eine innere Ausgeglichenheit, Stärke und Festigkeit, außerdem Sinnlichkeit und Naturverbundenheit
- Fünf = versinnbildlicht oft den Körper (Kopf, Arme und Beine) und seine Bedürfnisse
- Acht = zeigt die Auf- und Abwärtsbewegung des Lebens an

Lichtgespenster

Hierbei handelt es sich um einen Mut machenden Traum, der Ariane die Prinzipien des Lebens aufzeigt. Zahlen haben in der Traumdeutung eine starke Symbolkraft und werden oft als Quersumme gedeutet. So ergibt sich für die 17 als Quersumme die 8 und für die 41 als Quersumme die 5.

Das Leben ist unteilbar, es hängt alles mit allem Zusammen (1). Wir können nicht nur Glück im Leben haben, sondern müssen uns auch deutlich machen, dass zum Glück auch Unglück gehört. Geht die Sonne unter, wird es auch wieder hell. Werden wir krank, können wir auch wieder heilen (2). Innerhalb dieser Pole ist also auch immer eine Ausgeglichenheit zu finden (4). Ist eine Störung zwischen diesen Polen vorhanden, so wie es die Träume bei Ariane andeuten, treten unübersehbare Krankheiten am Körper auf: Blockaden, Muskelverspannungen, Depressionen (5). Lernen wir, diese anzunehmen und zu fühlen, was dahinter steckt, so nehmen wir die Erkenntnis an, dass es im Leben auf und ab geht (8).

Da die Klärung der Schuldfrage in Arianes Traum eng mit den Zahlen in Verbindung gebracht wird, ist das Begleichen der Schulden durch das Annehmen des Lebens zu realisieren. Schuldgefühle führen zu Anpassung – an andere, an die Gegebenheiten, an Situationen.

Der Traum weist mithilfe der Zahlen die Richtung, an die Prinzipien des Lebens zu glauben, den eigenen Weg zu gehen, die Fähigkeiten zu stärken, mit der Spiegelung durch andere Menschen zu arbeiten, Polarität zuzulassen, Spaß daran zu haben und zu wachsen.

Freitag, den 18. September 2009, Statustraum: Arianes Erkenntnis

Im Traum sage ich zu meinen Exmann: „Ich habe mich sowieso nur nach dir gerichtet und dein Leben gelebt, nicht unseres." Ich drehe mich um und gehe einen Weg entlang. Ich komme an einem Baum vorbei, an dem eine neue Hängeleiter hängt. Meine Studenten, die ich bei der Arbeit betreue, tummeln sich um den Baum herum. Gerade, als ich mich frage, ob ich mit der Hängeleiter den Baum hochkomme, stellt sich ein Student zu mir. Er ist ein überlegter, ruhiger Mensch, bei ihm hat jede Handlung, jedes Tun und alles, was er ausspricht, Hand und Fuß. Er bekräftigt mich in meinem Vorhaben und sagt, dass ich das schaffe und es probieren solle.

Ich klettere die Leiter hoch, es ist wackelig, aber leichter, als ich gedacht habe. Oben angekommen, betrachte ich die schönen Blätter und die Baumkrone. Der Baum ist alt, massiv, robust gewachsen und groß. Er hat ein großes Loch im Stamm, was seiner Stabilität aber nichts ausmacht. Er hat außerdem eine schöne Borke. Während des Betrachtens des Baumes denke ich, dass ich so einen Baum auch im Garten haben möchte.

Träume bestätigen uns manchmal Erkenntnisse oder Erfahrungen, die uns bewusst geworden sind. In Ariane hat sich etwas verändert. Ihr ist klar geworden, dass sie sich bisher

immer nach dem Leben ihrer Partner gerichtet hat. Diese Erkenntnis ist ein wesentlicher Schritt in Richtung Individuation. Ariane ist durch diese Einsicht innerlich gewachsen. Sie hat verstanden, dass es nicht der richtige Weg sein kann, das Leben anderer zu kopieren. Der Baum symbolisiert Kraft, Stärke, Lebendigkeit, Weisheit. Er ist groß und fest gewachsen, diese Eigenschaften hat Ariane. Sie hat also die Stärke und die Kraft für Veränderungen in ihrem Leben. Die vielen männlichen Studenten unterstützen sie tatkräftig, ihren Lebensweg zu gehen. Sie unterstützen Ariane darin, indem sie ihr eine Möglichkeit aufzeigen. Der Weg scheint aber noch nicht klar zu sein.
Ein optimistischer Traum für eine bessere Zukunft.

Mittwoch, den 23. September 2009: Relevanz und Irrelevanz der Arbeit
Von meinem Arbeitsplatz aus schiebe ich einen gelben Puppenwagen durch mein Großraumbüro in Richtung Glastür. An dem Puppenwagen hängen zwei Wagons. Links neben der Glastür ist eigentlich der Arbeitsplatz unserer Sekretärin, auf dem aber zurzeit meine Vorgesetzte sitzt. Meine Vorgesetzte tut wichtig, sie arbeitet ganz vertieft und streicht sich mit der Hand mehrmals durch die Haare – eine Verlegenheitsgeste, die gleichzeitig symbolisiert, wie wichtig ihre Aufgabe angeblich ist. Links neben mir an einem anderen Arbeitsplatz steht Ellen, sie schaut unserer Chefin nur zu.
Vorn an der Tür versuche ich, den „Zug“ einzuparken, es ist

nicht ganz einfach, weil er nicht im Weg stehen und den männlichen Kollegen den Durchgang versperren soll. Als ich den Zug eingeparkt habe, bin ich zufrieden und gehe wieder in die andere Richtung zurück.

- Puppenwagen, Puppe = Verpuppung, Stillstand
- Gelb = Klarheit, was versuche ich zu verstehen?

Die Situation in Arianes Leben ist erstarrt. Sie versucht schon seit Längerem, Klarheit über ihre berufliche Situation zu bekommen. Diese ist natürlich auch eng mit ihrem privaten Leben verflochten. In der Arbeit fühlt sie sich oft nicht bestätigt. Sie sieht ihre Arbeit als nicht wertvoll an. Ariane ist unter Einsatz ihrer gesamten Ressourcen engagiert und pflichtbewusst. Trotzdem kommt sie nicht vorwärts und entwickelt sich nicht in ihren Aufgaben. Es fühlt sich alles an, als sei sie in einer Wartestellung, als sei sie nicht am richtigen Ort. Überlastet und tatenlos sieht sie dabei zu, wie sich ihre berufliche Situation für sie verschlechtert.

Montag, den 12. Oktober 2009: Emotionale Nahrung

Zusammen mit meinem Exmann besuche ich seine Tante. Tante Heidrun ist alt und sieht im Traum irgendwie verändert aus. In ihrem Zimmer stehen verschiedene Möbel, die nicht zusammenpassen. Da wir wahrscheinlich dort schlafen bzw. zum Essen eingeladen sind, fangen wir an aufzuräumen. Der Gefrierschrank und der Kühlschrank stehen nebeneinander. Es ist mühselig, die Lebensmittel aus dem Kühlschrank zu holen.

Lichtgespenster

Innen ist der Kühlschrank dreckig. Essensreste kleben an den Wänden fest und ich sehe vergammelten Käse darin liegen. Ich schlage vor, einen anderen Kühlschrank auf den Gefrierschrank zu stellen. Tante Heidrun ist mit dem Ordnungssystem, das wir für das Einräumen des Kühlschranks vorschlagen, einverstanden: Die wichtigsten Lebensmittel, z. B. Milch, stellen wir nach unten, damit sie besser herankommt.

Wir gehen dann zum Sofa und beziehen es. Dort liegt eine Bettdecke, die aufgeknöpft ist. Wir ziehen sie ab und wollen sie waschen. Unsere Motorräder stehen ebenfalls im Raum und sind sehr sauber. Bei meinem Motorrad fehlen die Räder, sodass es hauptsächlich aus dem Rahmen besteht.

- Kühlschrank, Gefrierschrank = Orte für das leibliche Wohl
- Milch = Grundnahrung, Nahrung eines Tierkindes
- Rahmen = der Rahmen im Leben ist gegeben
- Räder fehlen = kein Vorankommen, keine Bewegung im Leben
- Aufräumen, säubern = sich von Belastungen und alten, eingefahrenen Glaubensmustern trennen

Sich selbst im Leben zu erkennen, ist die Grundlage des Individuationsprozesses. Den eigenen Weg mit den ureigenen Fähigkeiten und Eigenschaften zu gehen, lässt uns das Leben mit Leichtigkeit genießen. Gehen wir nicht unseren eigenen Weg, werden wir im Laufe unseres Lebens immer wieder das Gefühl haben, dass es nicht weitergeht, dass das Leben stehenbleibt und immer wieder schwierige Hürden zu nehmen sind. Was Ariane von außen nährt, ist nicht gut für sie. Die geistige oder emotionale *Nahrung*, die sie zu diesem Zeitpunkt durch ihr Umfeld bekommt, fördert ihr soziales Weiterkommen nicht. Sie lebt in einem Umfeld emotionaler Kälte. Sie fühlt sich am falschen Platz, nicht *bereit wegzufahren*.

Mittwoch, den 02.12.2009: Alles ist möglich im Land der unbegrenzten Möglichkeiten

In meinem Traum bin ich in New York, der Stadt mit den unbegrenzten Möglichkeiten. Auf einer Messe treffe ich auf einen Mann, der aussieht wie der Schauspieler Simon Baker aus „The Mentalist". Sein Lachen und seine Ausstrahlung sind fantastisch. Der Schauspieler macht meiner Freundin und mir ein Jobangebot. Er sagt, wir wären wie geschaffen für diesen Job, da wir sympathisch und aufgeschlossen seien. Wir würden auf die Menschen zugehen. So jemanden braucht er. Als Stundenlohn bietet er uns 1,50 Euro, also sehr wenig, wir lehnen dankend ab. Er versucht es erneut und zeigt mir Angebote aus verschiedenen Ländern auf einer Karte. Die Karte zeigt Amerika. Ich erkenne Chile, der Schauspieler zeigt aber auch auf ein mir unbekanntes Gebiet und sagt, dass es dort schön und sicher sei.

Simon Baker ist mir sehr sympathisch und ich lache sehr viel mit ihm. Zusammen gehen wir auf sein Zimmer. Wir ziehen unsere Schuhe aus und ich sehe, dass er ein Stück kleiner ist als ich. Wir gehen zwei, drei Stufen hinab in ein anderes

Zimmer. Simon umarmt mich und fasst mir mit beiden Händen in die Hose. Seine Berührungen kitzeln am nackten Po und ich fange an, zu lachen. Ich werde dann aber wieder ernst und küsse ihn. Es ist unglaublich schön. Mein Gefühl ist ganz warm und liebevoll. Es riecht nach Sonne, Wasser, Strand und Meer.

- Raum = ein Teil unseres Wesens

Es ist oft ein angstvoller Weg, sich selbst zu erkennen. Dieser Traum zeigt auf, wie das Ziel aussieht, ginge Ariane ihren eigenen Lebensweg. Durch die Entdeckung der eigenen Eigenschaften und Fähigkeiten betritt Ariane erst einmal einen Raum, der unbekannt ist, aber in ihm ist alles möglich.
Der Schauspieler Simon Baker spricht Ariane als Mann sehr an. Er verzaubert durch seine Ausstrahlung und seine Lebensfreude die Menschen um ihn herum. Er hat eine charismatische Anziehungskraft für sie. Neben dem strahlenden Lachen, der beruhigenden Art und seiner teilweise vorausschauenden Menschenkenntnis bewundert sie, wie er Kriminalfälle löst. Für Ariane ist es ein Spiegel. Der Traum spiegelt Ariane ihre fröhliche Art und ihr mitreißendes Lachen, ihre Fähigkeit, Situationen zu erahnen, wenn sie auf ihre Intuition hört. Durch diesen Traum entsteht in ihr ein wunderbares, positives Gefühl.
New York und dieser Traum zeigen Lebensmöglichkeiten auf, an die sie bisher noch nicht gedacht hat. Lebensräume, die ihr unbekannt sind, in denen es sich sicher und lebensbejahend leben lässt. Erst Jahre später kann sie diesem Traum eine

besondere Wertschätzung geben. In ihrer damaligen Situation zwischen Ausweglosigkeit und depressiver Erschöpfung löst der Traum erst einmal ein gutes Gefühl aus. Eine Interpretation, die zum Handeln führt, war ihr nicht möglich.
Erst später sieht sie die vielen positiven Eigenschaften, die sie in sich trägt: Gefühle von Wärme und tiefer Liebe zu sich selbst, die irgendwo auf dem Weg zum Erwachsenwerden verloren gegangen sind.

Sonntag, den 06. Dezember 2009: In die Zukunft blicken
Heute bin ich viel zu früh beim Karate. In der Turnhalle befinden sich nur ein paar Menschen. Die meisten davon sind mir unbekannt. Matthias, meinen Trainer, sehe ich hinten in einer Ecke hocken. Andere Personen stehen vor ihm. Ich stehe in der Mitte der Halle und sehe Anne in die Halle kommen. Sie sieht verändert aus. Ihre langen Haare sind jetzt kurz und mit Gel nach hinten frisiert. Große, silberne Ohrringe schmücken sie. Das sieht super aus, sie ist sehr hübsch. Anne trägt noch keine Sportbekleidung. Anscheinend bin ich zu früh hier, Karate fängt erst später an. Ich entscheide mich, Karin und Jan in ihrer neuen Wohnung zu besuchen.

- Haus = der Träumer selbst
- Turnhalle = Ort der Kommunikation, gelerntes praktisch umsetzen

Arianes Traum weist auf ein neues Haus hin. Sie entscheidet sich am Ende ihres Traumes, zu Jan und Karins Haus zu fahren. Sie haben gerade neu gebaut. Arianes Traum macht sichtbar, dass sie bereits an Trennung und ein anderes Haus denkt, aber noch nicht handelt.

Der Traum geht weiter:
Die Wohnung sieht chaotisch aus: In der Küche stehen noch keine Möbel. In der übrigen Wohnung sind ausschließlich neue Möbel zu finden, die entweder noch nicht eingeräumt oder zusammengebaut sind. Karin möchte die Küche aufbauen. Sie ist verzweifelt, weil sie nicht weiterkommt. Ich empfehle ihr, dass ihr jemand helfen sollte. Karen meint aber, dass der Boden frisch gegossen und noch nicht ausgehärtet sei. Ich sehe mir den Boden an. Das Fundament ist fest und wir können beide super darauf gehen. Karen ist verzweifelt, weil sie ein Loch unter den Schränken für die Gasleitungen bohren muss und es nicht weitergeht. Jan und Karin sind aber doch irgendwie gelassen.

- Möbel = Wie richtet sich der Träumer sein Selbst ein; wie richtet er sich im Inneren aus?
- Küche = wie nährt sich der Träumer?
- Boden = die eigene Standfestigkeit

Die zentralen Sätze in diesen Traum sind:
„Sie ist verzweifelt, weil sie nicht weiterkommt. Ich empfehle ihr, dass ihr jemand helfen sollte.“
Ariane traut sich eine Trennung nicht zu. Sie hat Angst vor dem Alleinsein und dem Unbekannten, das mit einer Trennung auf

sie zukommt. Ihre Seele empfiehlt ihr, sich helfen zu lassen. Aber wer sollte sie auf diesem Lebensabschnitt so eng begleiten, dass sie sich sicher fühlt? Ariane kennt keine Antwort darauf.

Der Traum geht weiter:
Ich möchte zum Sport und gehe in Richtung Haustür. Überall stehen Teile von Möbeln und Sachen rum. Ich sehe aus einem Fenster auf eine Dachterrasse, auf der neue, braune Sofas stehen. Ich bin darüber überrascht, weil ich denke, sie können durch die Witterungseinflüsse vergammeln. Als ich näher komme, sehe ich, dass die Möbel witterungsbeständig sind und Karin die Sofas schon seit einiger Zeit besitzt. Die Möbel sehen gemütlich aus und stützen beim Sitzen den Rücken bis zum Kopf. Es stehen zwei oder drei Sitzecken dort, die alle gebraucht sind. Das Wetter ist trübe und regnerisch.

Möbel sind immer ein Symbol dafür, wie sich der Mensch innerlich einrichtet. Ariane ist innerlich instabil, körperlich hat sie oft Rückenschmerzen und Nackenprobleme.
Der Traum ist ein bedeutender Wegweiser für den Satz: „Und alles ist in dir.“ Ihre Charakterzüge und ihre eigene Persönlichkeit stützen Ariane. Der Traum gibt Mut, sich endlich zu trennen. Der Zweifel *„sie könnten durch Witterungseinflüsse vergammeln“* vernichtet den Glauben an die eigene innere Stärke, es auch ohne jemanden schaffen zu können. Ariane zweifelt an sich. Sie sieht ihre innere Stärke nicht.

Lichtgespenster

Der Traum geht weiter:

Die Dachterrasse ist mit zwei Bäumen bepflanzt, an deren Stämme Erdbeeren wachsen – ungewöhnlich für diese Jahreszeit. Der eine Baum trägt eine große rote Kaktusfrucht, die mir irgendwie Angst macht. Er steht in voller Blüte und sieht gesund und grün aus. Die Palme daneben ist etwa genauso groß und hat verwelkte Blätter.

Ich drehe mich wieder zur Wohnung und stoße dabei eine Flasche Orangensaft um, die mich daran hindert, hinein zu gehen. Karen wischt den Saft problemlos mit Zewa wieder auf.

Ich möchte zum Sport, es ist aber bereits 20:15 Uhr und ich würde zu spät kommen. Es wäre aber auch nicht so schlimm, weil ich nur die Aufwärmphase verpasse.

Kakteen sind ein Symbol dafür, dass etwas mit sehr wenig Wasser auskommt. Ihre Stacheln symbolisieren die Angst vor Verletzlichkeit und Gefühllosigkeit. Menschen, die solche Stacheln tragen, wirken oft unnahbar, weil sie sich davor schützen, wirklich gesehen zu werden. Dadurch können sie nicht verletzt werden.

Ariane traut sich vieles nicht zu. Viel zu sehr konzentriert sie sich auf Äußerlichkeiten, die ihr im Leben angeblich Halt geben. Sie ist immer darauf bedacht, ihre Gefühle nicht zuzulassen, ihr Inneres nicht zu zeigen. Nach außen wirkt sie dadurch distanziert, gleichgültig und kühl. Sie lässt Mensch nur mit einem gewissen Abstand an sich heran. Dadurch wirkt sie stark und unerschütterlich.

Dienstag, den 08. Dezember 2009: Der Schatten tritt hervor

An einem Tisch stehen zwei Personen, von denen die eine mir emotional positiv gegenüber steht, die andere negativ. Vor beiden Personen liegt ein Vertrag auf dem Tisch, den eine Frau unterschreibt, welche die Machtbefugnisse hat. Die Schrift ist viel zu groß und die einzelnen Buchstaben sind nicht zu erkennen. Die Unterschrift sieht eher wie ein wichtig getanes Gekrakel aus als wie eine Unterschrift. Während eine Person unterschreibt, sagt sie: „Aber nur in Ausnahmefällen und das ist auch in diesem Fall so. Ein zweites Mal würde ich das nicht unterschreiben." Die Frau ist hässlich. Sie hat ein vernarbtes Gesicht wie bei Neurodermitis. Sie wirkt alt, ist aber eher mittleren Alters. Beide Personen sprechen über mich, insbesondere die Frau redet über mich, aber nicht mit mir, obwohl ich im Raum sitze.

Ich setze mich zu Alina Unrecht und Pia Reinike. Pia hat mehrere Unterlagen in der Hand, sie redet unklar und druckst dabei herum. Ich frage, ob ich den Tisch wechseln solle, ob ich störe. Pia bejaht das. Ich stehe auf, bin aber schon neugierig, was sie da in der Hand hält. Ich ahne, dass es Bewerbungsunterlagen sind und Alina ihr dabei hilft. Irgendwie ist es Pia aber nicht recht.

Der Traum zeigt Arianes Schatten. Der Schatten ist durch eine Frau verkörpert, die verschiedene Krankheitssymptome aufzeigt. Ariane hat schon lange diverse Krankheitssymptome, die im Laufe der Zeit an Bedeutung gewonnen haben, weil sie diese nicht beachtet hat. Der Alltag treibt sie weiter voran, obwohl sie eigentlich Ruhe bräuchte. Sie möchte aus ihrer Lebenssituation entfliehen. Ständig denkt sie nach, kommt jedoch nicht weiter. Sie entscheidet sich nicht zu gehen, sondern verharrt in ihrer Situation.

Bei der Arbeit ist sie der Eifersucht und dem Neid einer Kollegin ausgesetzt. Ihre Kollegin versucht immer wieder, sie in Situationen zu bringen, die ihr schaden können. Ohne dass andere es bemerken, redet sie schlecht über Ariane und gibt ihr immer wieder zu verstehen, dass sie nicht gut genug sei. Ariane fällt als einzige Lösung ein, den Arbeitsplatz zu wechseln.

Donnerstag, den 31. Dezember 2009: Angst vor Veränderung – ein Ahnenthema

Meine Mutter und ich fahren mit dem Auto, als sie sagt: „Ich habe eine Eigenschaft, vor der du Angst hast.“ Ich wende meinen Kopf und sehe sie stocksteif auf dem Beifahrersitz sitzen. Meine Mutter ist kreideweiß im Gesicht und starrt nach vorn aus der Frontscheibe. „Ich weiß, eigentlich hätte ich Psychologie studieren sollen, aber ich brauchte eine Zeit lang die rationale Inanspruchnahme meines Gehirns“, beende ich den Satz.

Ich fahre weiter. Wir sind spät dran und ich hoffe, dass ich noch rechtzeitig zur Schule komme. Meine Mutter hat das

Lenkrad übernommen, ich bin nicht mehr die Fahrerin. Es ist fünf vor acht als ich aussteige. Ich befinde mich in Fallersleben. Ich bin weit entfernt von der Schule und wundere mich, weil es jetzt relativ knapp wird, pünktlich zur Schule zu kommen. Außerdem kenne ich den Weg nicht genau.

Ich gehe los und komme am Marktplatz vorbei, hinter dem ein Grundstück mit einem Zaun folgt. Jungen laufen dort herum und springen über den Zaun. Ich bin innerhalb des Gartens auf dem Grundstück und suche eine Stelle, an der ich leicht auf die andere Seite gelangen kann. Ein Junge springt an einer Stelle über den Zaun, an der die Zaunoberkante nach unten gebogen ist. Am oberen Rand des Zauns ragen Stacheln heraus. Ich springe ohne Probleme darüber. Ich höre noch, wie ein Vater zu seinem Jungen sagt: „Du darfst noch einmal springen, dann komm bitte zum Zähneputzen."

Ich laufe den Weg entlang und weiß plötzlich wieder, wo es langgeht. Ich schaue auf die Uhr. Es ist kurz vor acht, ich überlege, ob ich anrufe. Dabei fällt mir aber ein, dass ich sicherlich niemanden mehr erreiche.

Die Perspektive ändert sich und ich sehe mir dabei zu, wie ich einen Weg langlaufe. Ich bin sehr schick angezogen, allerdings passen die türkisfarbenen Socken und der gleichfarbige Schal nicht zueinander. Weiterhin trage ich einen Faltenrock und Pumps. Es sieht merkwürdig aus, aber auch selbstbewusst, schick. Ich habe meinen eigenen Stil.

- Mutter = steht für Schutz, Wärme, Treue, Anpassung; sieht die Bedrohung

- Zaun = etwas eingrenzen oder abgrenzen
- Weg = den eignen Weg, den der Träumer gehen soll
- Acht = weist auf Vollständigkeit hin

Ariane hat teilweise Handlungen und Lebensweisen unbewusst von ihrer Mutter übernommen. Wir wollen Individualität und uns unsere eigenen Werte und Normen schaffen. Oft verkörpern wir jedoch eine Teilmenge dessen, was unsere Eltern uns bewusst oder unbewusst vorgelebt haben. Manchmal nehmen wir einen ähnlichen Lebensweg, entweder, weil es gut für uns ist, oder, weil wir, wie in Arianes Fall, es uns nicht trauen, unseren eigenen Lebensweg zu gehen.

Die Aussage ihrer Mutter im Traum macht Ariane Angst. Welche Eigenschaft hat ihre Mutter, vor der sie Angst haben könnte? Hat sie diese Eigenschaft ebenfalls? Warum ist ihre Mutter im Traum so stocksteif und kreideweiß?

Arianes Mutter ist eine Frau, die anderen oft Ratschläge gibt, was sie zu tun und zu lassen haben. Sie selbst bleibt aber in ihrem Leben gefangen. Alle ihre Träume haben sich aufgelöst. Nie hat sie den Mut gefasst, etwas anzufangen, zu Ende zu bringen oder ihren eigenen Lebensweg zu gehen. Viel zu oft hat sie sich von anderen abhängig gemacht.

Ariane bekommt im Traum genau dies gespiegelt. Ihr wird eindrucksvoll gezeigt, dass sie auf einem ähnlichen Weg ist wie ihre Mutter. Ariane hat Angst vor dem gleichen unerträglichen Alltag, vor der Trostlosigkeit, die ihre Mutter lebt.

Das Leben ihrer Mutter ist für Ariane kein Leben. Tag für Tag bewegt sie sich in Tagträumen: „Wenn ich erst mal im Lotto gewonnen habe, dann ..." Vieles macht auch der Mutter Angst. Sie hat Angst vor Beweglichkeit, vor Veränderung im Leben. Sie fürchtet, die eigene Individualität zu erkennen, selbstständig zu werden. Genau die gleiche Angst hat Ariane; ihre Mutter hat es ihr vorgelebt, sie lebt es nach.

Im Traum wird sie von ihrer Mutter zur Schule gefahren. Ariane wird in ihre Kindheit versetzt, nur dass sie jetzt erwachsen ist. Ihr Leben wird zu diesem Zeitpunkt von ihrem inneren Kind gesteuert. Sie fühlt sich hilflos, findet ihren Weg nicht. Was soll Ariane lernen?

Die noch vorhandene Abhängigkeit von ihrer Mutter muss sie lösen, auch wenn sie sich davor fürchtet. Springt sie über diese Hürde, wie der Junge über den Stachelzaun, wird sie den richtigen Weg finden. Das Generationenmuster ihrer Mutter hat auch Ariane in sich. Auch Arianes Mutter hatte keine sichere und enge Bindung zu Arianes Großmutter. Genau wie ihre Mutter braucht Ariane jemanden, um überhaupt überleben zu können. So wie sie als Kind jemanden brauchte, der ihr den Weg zeigte, sich um sie kümmerte und umsorgte.

5.5 2010: Ein Ende für einen neuen Anfang

Dienstag, den 05. Januar 2010: Frau Selbst kennt den Weg – Vertrauen

Ich bin im Büro, hinten in einer Ecke, und packe meine Unterlagen für den Termin im Top Management Personal zusammen. Raphael kommt in den Raum und winkt mir über die Stellwände hinweg zu. Ich nehme meine beiden Bücher, das mit den Tagesnotizen, in dem auch die Stellenanzeige enthalten ist, und ein neues, fast leeres Buch. Niemand weiß, dass ich mich woanders beworben habe und ich überlege, was ich unserer Sekretärin sage, wohin ich gehe. Als ich ihr sage, dass ich einen Termin habe, sagt sie, es sei egal, wann ich wiederkomme, da unsere Chefin heute einen Termin bei unserem Bereichsleiter habe und somit unabkömmlich sei. Unsere Sekretärin sieht traurig, genervt und enttäuscht aus. Ich sehe auf die Uhr, denn es ist fünf vor neun.

Das Vorstellungsgespräch beginnt. Herr Schwarz sagt mir, dass ich Frau Selbst schon überzeugt habe. In seinem Gesicht sehe ich aber, dass er noch immer keine Entscheidung getroffen hat.

- Raphael = Raphael steht für den Erzengel Raphael. Sein Name bedeutet so viel Sie „Gott heilt“. Er gilt als der Engel des Wissens, der Weisheit und des Heilens. Raphael begleitet uns Menschen in schwierigen Zeiten.
- Selbst = Das Selbst ist das, was ich wirklich bin. Das Unbewusste in einem.

Ariane weiß schon lange, dass sie nicht nur ihre Beziehung beenden muss, sondern auch den Arbeitsplatz wechseln muss. *Frau Selbst*, also ihr Inneres, ihr Unbewusstes, hat schon lange zugestimmt. Ausschließlich ihr Ego ist am Zweifeln, ob dieser

Schritt der richtige ist. Die Zeit ist gekommen, einen neuen Weg zu gehen. Entweder, sie belässt alles beim Alten, oder Ariane schreibt ab jetzt ihre Geschichte neu.
Symbolisch schickt der Traum Ariane den Erzengel Raphael, der ihr Unterstützung und Kraft bei jedem Heilungsprozess auf allen Ebenen ihres Seins sendet. Er gibt Menschen Mut und Unterstützung in schwierigen Zeiten. Arianes Selbst ist die Antwort schon klar, nur das Ego, der Kopf zweifelt und findet keine Lösung.

Dienstag, den 12. Januar 2010: 1. Traum: Der Artist
In einer Manege steht ein Kran mit zwei Armen, an denen jeweils ein Sitzplatz installiert ist. Auf dem einen Arm macht ein Artist im Hosenanzug Kunststücke. Der Arm wird dabei hoch- und runtergezogen. Der Artist ist an einem Sicherheitsseil befestigt. Als der Artist einen Purzelbaum macht, löst sich das Seil und er landet in dem Stuhl am Arm des Krans. Das Publikum klatscht.
Ich sitze auf dem zweiten Stuhl am anderen Arm des Krans und komme durch die Bewegungen der Arme dem Artisten manchmal in den Weg, behindere ihn aber nicht bei seinen Kunststücken.
Ich gehe zu Susanne und Theo ins Publikum. Susanne zuppelt an meinem rechten Hosenbein herum, auf dem ein Aufnäher mit drei Siebenen zu sehen ist. Die Geste ist freundschaftlich und sie lacht dabei. Ich habe einen Blaumann an und fühle mich gut.

- Zwei = Zweifel. Polarität.
- Sicherheitsseil = im Leben gibt es keine 100%ige Sicherheit. Wir können aber vertrauen, dass wir immer durch das Leben aufgefangen werden.
- Kunststücke = das tägliche Leben

Ariane möchte ihr Können beweisen und im Rampenlicht stehen. Sie sucht Bestätigung und Applaus. Sie glaubt, sie benötige die Sicherheit von außen, um einen Weg durch ihr Leben zu finden. Das Sicherheitsseil gibt ihr die Sicherheit, nicht abzustürzen. Letztendlich braucht sie diese äußere Sicherheit nicht, da sie ihre *Kunststücke* auch ohne Absicherung bewältigen kann.

Dienstag, den 12. Januar 2010: 2. Traum: Kuchen backen
Zusammen mit der Tagesmutter meiner Kinder möchte ich einen Kuchen backen. Der Teig ist uns nicht richtig gelungen. Er ist bröselig, es sind lauter Sesamkörner darin. Die Tagesmutter wirft den Teig weg, weil wir bereits einen fertigen Kuchen im Backofen haben. Sie geht vom Backofen zu einem Kind, hebt es hoch und kuschelt es. Die Mutter des Kindes schaut dabei zu und ist damit nicht einverstanden, sie sieht aber, dass es dem Kind dabei gut geht.

Wir beginnen mit kleinen Schritten, unser Leben zu verändern. Vieles darf versucht und ausprobiert werden. Es gibt immer viele Möglichkeiten, das Leben zu gestalten, ohne sich endgültig entscheiden zu müssen. Unser größtes Hindernis sind wir selbst. Es ist wichtig, dass Ariane sich aus der Mutterbindung, aus einer unbewussten Abhängigkeit befreit und auf eigenen Füßen steht. Die Loslösung hat als Kind nicht stattgefunden. Diese Abhängigkeit begleitet Ariane in jeder Art von Beziehung, so als könne sie nicht eigenständig, sondern nur in Verbindung mit anderen existieren. Es fehlte immer die frühkindliche Nahrung, das Geborgensein durch die Nähe der Mutter.

Samstag, den 23. Januar 2010: Den Lebensweg gehen und Möglichkeiten entdecken

Ich bin mit dem Fahrrad unterwegs und stelle es vor einem Grillstand ab. Der Grill ist sehr groß und ganz verkohlt vom Grillen der Würstchen. Ein paar Würstchen liegen noch auf dem Grill.

Ich gehe in ein Möbelgeschäft und sehe, wie ein Paar ein hellgrünes, mit Blumen bemaltes Wandregal kauft und wie sie sich darüber freuen. Meine Blicke wandern durch das Geschäft. Ich überlege, was ich mir kaufen könnte. Ich sehe einen Eckschrank aus Holz, der sehr trostlos in der Ecke steht. Vielleicht könnte ich ein Regal mit vielen kleinen Fächern kaufen, überlege aber gleichzeitig, dass ich dann so viel Staub wischen müsste. Ich gehe wieder aus dem Geschäft heraus.

In der Ferne ist ein kleiner Jahrmarkt. Kinder spielen dort, ein Karussell ist zu sehen und Luftballons sind in der Luft. Es sieht alles sehr sommerlich aus. Ich gehe zurück zu meinem

Fahrrad und bemerke, dass es jetzt hinter dem Grill steht. Ein Mann spricht mich an und sagt: „Das Fahrrad ist nicht abgeschlossen, es könnte geklaut werden.“ Auf dem Gepäckträger ist ein Schloss, ich wollte es abschließen. Ich hoffe in dem Moment, dass der Mann mein Fahrrad nicht abgeschlossen hat, weil ich kein Schlüssel mit habe.
Der Mann ist der Besitzer des Grills. Er sieht schmierig aus, hat dunkle Haare und trägt eine mit Fett bespritzte Schürze. Er ist hilfsbereit, ich fürchte mich nicht vor ihm, denn er will mich unterstützen.

- Fahrrad = Individualität
- Luftballon = einen Luftballon fliegen sehen; die Hoffnung nicht verlieren, aber sich auch keiner Illusion hingeben

Der Wunsch, ihren individuellen Weg zu gehen, wird in Ariane immer stärker. Ihr Vertrauen dem Leben gegenüber ist nicht groß. Ariane hat Angst, dass ihre Individualität verloren gegangen ist.

Sonntag, den 31. Januar 2010: Wo geht die Reise hin?
Raphael und ich sitzen in einem Cabriolet. Ich sitze auf dem Beifahrersitz und spüre, wie mir der Wind durch die Haare weht.
Wir wollen zum Mittagessen fahren und kommen an einen Fluss, der mitten durch die Stadt fließt. Ich frage mich, wie wir den Fluss überqueren können, da keine Brücke darüber führt.

Raphael betätigt einen Hebel und wie aus dem Nichts kommt aus dem Fluss eine Brücke mit Pflastersteinen zum Vorschein. Die Brücke ist sehr steil, aber wir fahren problemlos auf die andere Seite und dann weiter am Fluss entlang. Wir kommen an eine geschlossene weiß-rote Schranke. Wir rasen darauf zu, bevor wir sie durchbrechen, geht die Schranke hoch und wir können problemlos durchfahren. Wir kommen an ein Tor. Ich weiß nicht genau, was wir da wollen. Das Tor ist aus Holz.

Raphael steht für den Erzengel der Heilung. Er begleitet alle Heilungsprozesse des Menschen, unterstützt die Auflösung von Gedankenmustern, die uns hindern, Frieden mit uns selbst zu erlangen. Emotionale Prozesse werden mit ihm leichter aufgearbeitet, er unterstützt uns bei der Selbstfindung, zeigt uns unsere Lebensaufgabe. Er lässt uns unsere Berufung erkennen.

Da, wo die Angst ist, ist der Weg. Auf dem Weg zum eigenen Leben ist niemand allein. Beginnen wir, kleine Schritte in Richtung Individuation zu gehen, werden sich die Schranken, die uns im Weg stehen, problemlos auflösen. Viele Menschen denken, sie wären allein. Sie sind aber nur allein, weil sie in einer unglücklichen Situation verharren. Gehen wir los, so werden wir immer Menschen und Situationen anziehen, die uns bei der Lösung unserer Probleme unterstützen. Wo sich eine Tür schließt, geht eine andere auf. Manchmal müssen wir warten, damit wir hindurchgehen können, wenn noch nicht alle Rahmenbedingungen vorhanden sind, um unseren Weg zu gehen. In solchen Situationen sind Geduld und Aufmerksamkeit gefragt.

Mittwoch, der 10. Februar 2010: Meinen Weg gehen

Ich bin zu Fuß auf einem Schotterweg unterwegs, mein Ziel ist mir nicht bekannt. An einer Weggabelung treffe ich auf Kinder, Jugendliche und mehrere Personen mit Wasserpistolen. Ich fühle mich bedroht und ängstlich. Insbesondere eine Person ist auffällig. Ich flüchte in ein Haus und fühle mich dort sicher. Ich gehe durch die Küche und verlasse durch den Hinterausgang das Haus. Jemand erklärt mir einen Weg, auf dem ich die Personen, Kinder und Jugendlichen nicht mehr treffe. Über diesen Umweg komme ich dann wieder auf den richtigen Weg. Ich sehe ihn schon. Mein Weg führt mich durch ein ruhiges Wohngebiet, es ist menschenleer. In der Ferne sehe ich einen Schotterweg und ich befürchte, hier wieder auf die Personen zu treffen, von denen ich mich vorhin bedroht fühlte. Ich hoffe auch, dass ich dort ankomme, wo ich hin will.

- Weg = der eigene Lebensweg
- Kinder, Jugendliche = die Möglichkeiten im Leben. Wohin kann sich der Träumer entwickeln.
- Haus = der Träumer selbst
- Küche = Herz des Hauses, von dem aus man in die Welt hinaustritt, auch ein Symbol für die Mutter, Ort der Kommunikation

Ariane fühlt sich in ihrem Dasein unsicher. Sie ist verunsichert von den Menschen und den Situationen, die ihr begegnen. Der

Tag kostet sie sehr viel Kraft. In Gedanken wirkt der unbewusste Glaubenssatz, nicht richtig zu sein. Der Weg ist steinig. Sie hat immer wieder Angst, nicht den richtigen Schritt zu tun. Angsthürden sind emotionale Begrenzungen aus der Kindheit; es sind Geister oder Glaubenssätze, die unbewusst wirken, die uns das Weitergehen auf dem eigenen Weg manchmal erschweren.

Um den Ereignissen im Außen zu entfliehen, zieht Ariane sich oft in sich zurück, sowohl in privater als auch in beruflicher Hinsicht. Dabei wäre die Lösung hier nicht die Vermeidung, sondern sich der Situation zu stellen. Aber das ist Ariane nicht möglich.

Es ist wie eine Lebensphobie, die es zu bewältigen gilt. Der einzige Weg besteht darin, sich der Angst zu stellen. Die Seele ruft körperliche Symptome hervor, die von Ariane verstanden werden wollen. Es ist ein langer Weg, die Symptome und ihren emotionalen Zustand so in Einklang zu bringen, dass sie heilen kann.

Freitag, den 12. Februar 2010: Durchgangsräume im Leben, Veränderungen zulassen

Wir wollen in einem Hotel übernachten und bekommen ein Zimmer, das als Durchgangszimmer benutzt wird. Ich möchte dieses Zimmer nicht haben und gehe in Richtung Rezeption. Dabei komme ich an einem großen Zimmer vorbei, in dem sich mehrere Menschen befinden. Meine Gedanke ist: „Super, das Zimmer wird frei.“ Allerdings befürchte ich, dass auch dieses

Zimmer nur ein Durchgangszimmer sei, weil es so groß ist. Eine Hotelangestellte führt mich zur Rezeption und wir fragen, wie teuer das Zimmer sei. Es kostet 115 Euro. Das ist mir zu teuer. Als ich nach einem anderen Zimmer frage, hat die Hotelangestellte eine Idee. Wir gehen durch das Hotel und kommen an einer Baustelle vorbei. Ich frage, ob das hier alles einsturzgesichert sei und merke, dass ich hier nicht bleiben möchte. Die Balken sind freigelegt, überall hängt Folie herum und alles schimmert hellblau. Wir gehen durch das Hotel hindurch und hinaus. Die Frau zeigt nach links auf ein weiteres Hotel, das ebenfalls zu dieser Hotelkette gehört. Mir ist das bekannt und wir gehen weiter nach rechts zur Rezeption. Ein älterer Mann steht dahinter und sagt, dass ein Zimmer frei gewesen sei. Allerdings hätte sich der Gast, eine ältere Frau, es sich anders überlegt und sei dann doch gekommen.

Ich überlege, ob ich das Zimmer für 115 Euro nicht doch nehmen solle.

- Durchgangszimmer = Situation, Arbeitsplatz, Partner, etc. die nur für eine Zeit lang im Leben präsent sind.

Arianes Träume erzählen ihr fortwährend, dass sie etwas ändern muss. Sie befindet sich in einer Übergangsphase, in einer Grauzone und weiß nicht, was sie will. Zu jedem Zeitpunkt steht eine Vielzahl an Möglichkeiten zur Verfügung. In bestimmten Phasen sind diese Möglichkeiten nicht zugänglich, möglicherweise, weil es einfach noch nicht an der Zeit ist. Entscheidungen werden von ihr oft infrage gestellt. Sie wägt so lange ab, bis keine Entscheidung mehr möglich ist. Es ist dann oft zu spät, weil die offene Tür für einen Weg bereits wieder geschlossen ist.

Dienstag, der 09. März 2010: Den Platz im Leben finden
Ich parke mein Auto in einer kleinen Haltebuch in Fallersleben. Am Boden ist ein blauer Metallkreis, ich wundere mich kurz darüber, parke aber trotzdem dort und gehe in die Stadt. Als ich wiederkomme, ist mein Auto mit einer blauen Kralle am hinteren linken Rad blockiert.
Ich gehe wieder in die Stadt in Richtung Kino und treffe auf eine Gruppe von Jugendlichen, die im Kreis stehen und einen vor ihnen liegenden Menschen treten. Ich habe Angst und hoffe, als ich an Ihnen vorbeigehe, dass sie mich nicht sehen. Ich gehe weiter in Richtung Polizeistation und wundere mich darüber, dass der Weg so weit ist. Endlich komme ich an einem Haus an, an dem viele Schilder mit Unternehmensnamen hängen, darunter auch die Polizei von Sachsen. Ich gehe hinein und treffe auf einen Raum voller Menschen. Ich habe das Gefühl, dass sie alle den Vorfall melden wollen.

- Rad = Fortbewegung
- Kreis = Ganzheit, Vollendung
- Polizei von Sachsen = Verkörpert das eigene Wissen. Polizei im Traum rät zu einer Umstellung der Lebensführung. Warum es die Polizei in Sachsen ist, wird im Traum nicht deutlich.

Lichtgespenster

Das Leben bietet uns viele Möglichkeiten, einen Platz in der Gesellschaft zu finden. Es ist ein langer Weg, den eigenen Platz zu finden. Wir haben eine Ahnung, was möglich ist. Aufgrund ihrer Orientierung an der Außenwelt ist Ariane nicht auf ihrer Lebensspur. Der Traum deutet an, dass sie gefangen ist im Fluss des Lebens und sich bedroht fühlt. Durch den eigenen sehr geringen Selbstwert denkt sie beständig, nicht richtig zu sein.

Dienstag, den 16. März 2010: Rückschritt

Bei der Arbeit sitze ich in einem Großraumbüro, in dem ich heute den Platz einer Kollegin eingenommen habe. Victoria ist eine sehr schöne junge Frau. Von diesem Platz aus sehe ich in einen Strategiesitzungsraum, in dem meine Chefin mit verschiedenen Frauen im Kreis sitzt. Ihr Gesicht hat einen gehetzten Stierblick, der aber trotzdem freundlich und nachdenklich ist. Ihr Gesichtsausdruck verändert sich und ich sehe, dass sie mit irgendetwas nicht einverstanden ist.

Ich gehe ebenfalls in den Raum und umarme Ruth, eine ehemalige Schulkameradin von mir, und frage sie, was sie jetzt so mache. Sie zeigt mir ihre Visitenkarte. Die Visitenkarten sind grün, es sind zwei Blätter darauf. Sie wirken sehr positiv auf mich. Ruth wohnt jetzt in der Gliesmaroder Straße in Braunschweig. Es wundert mich, dass sie dort hingezogen ist. Ich empfinde es als einen Rückschritt, da dort S-Bahnlinien verlaufen und es dort sehr laut ist. Wir umarmen uns erneut

und freuen uns, dass wir uns wiedergesehen haben.
Ruth kommt ursprünglich aus Fallersleben. Sie wohnte in Berlin und ist jetzt nach Braunschweig gezogen.

Durch die andauernde Unzufriedenheit in ihrem Berufs- und Privatleben wird Ariane oft sehr nachdenklich. Sie denkt zurück an vergangene Zeiten. Ruth ist ein lebenslustiger Mensch, sie ist kreativ, weiß, was sie will. Sie ist nach ihrem Abitur nach Berlin gezogen. Berlin ist eine Stadt mit unbegrenzten Möglichkeiten. Ariane hat viele Eigenschaften, die auch Ruth hat. Ruth lebt diese und Ariane versucht sie zu verstecken, weil sie sich einfach nicht zutraut, so zu sein wie sie wirklich ist.
Offenbar ist Ariane – symbolisiert durch Ruth – in ihrem Leben schon ein ganzes Stück weitergekommen. Dann zieht sie sich aber wieder zurück, verlässt das Abenteuer der Großstadt und geht die gewohnten Wege. Ihren Platz im Leben hat Ariane noch nicht gefunden. Die Blätter weisen auf Wachstum hin.

Montag, den 22. März 2010: Was fehlt, ist die eigene Identität

Jean, ein Arbeitskollege und ehemaliger wissenschaftlicher Assistent an der Universität, meine beste Freundin Susanne und ich sitzen auf dem Boden und essen. Jean fragt Susanne, ob sie nicht einmal mit ihm alleine essen gehen möchte. Susanne zögert und schaut mich an. Einen kurzen Augenblick bin ich traurig, dass Jean nicht mich gefragt hat. Aber ich besinne mich gleich wieder und unterstütze Susanne bei dem

Gedanken, es sich doch mal zu überlegen. Sie zögert, dreht sich dann aber zu Jean um, lutscht zärtlich an seinem linken Ohr und sagt Ja. Susanne ist das etwas peinlich, weil Jean körperliche Regungen zeigt, ist aber gleichzeitig froh darüber, dass sie sich überwunden hat.

Wir gehen in die Küche und Susanne fällt auf, wie aufgeräumt die Küche ist. Nirgends steht etwas herum. Die Küche sieht sehr leer aus. Jean räumt gerade Tassen und Teller in einen Oberschrank. Susanne wundert sich, da in den Schränken alles leer ist. Es ist keine einzige Tasse im Schrank.

Jean isst ein Ciabatta, das mit einer roten Masse gefüllt ist. Es sieht aus wie eine Vagina. Eine hellblau gekleidete Frau kommt in die Küche. Ihr Ohrringe sind an den Haaren festgeklipst, sie ist völlig übertrieben gekleidet – irgendwie bunt und billig. Ich bin kurz enttäuscht, weil ich denke, dass jetzt aus dem Treffen zwischen Susanne und Jean nichts wird. Die Blondine geht zum Kühlschrank und stützt sich ab. Sie erzählt irgendetwas von ihrer Mutter.

- Küche = Herz des Hauses, von dem aus man in die Welt hinaustritt, auch ein Symbol für die Mutter, Ort der Kommunikation
- Schrank = zeigt die eigene Identität, die leer ist
- Blonde Frau, Schatten = Das, was Ariane im Leben ablehnt. In diesem Fall, das manchmal billige Verhalten ihrer Mutter, dass sie sich so billig anbietet wie eine Prostituierte, weil sie sonst niemand haben möchte, im übertragenen Sinne

nur für Geld zu haben ist

Wertlosigkeit spielte in Arianes gesamten Leben schon immer eine wichtige Rolle. Auch jetzt fühlt sie sich abgekapselt und nirgends dazugehörig, obwohl sie Kinder, einen Lebenspartner und eine große Mehrgenerationenfamilie hat. Die Leere in ihr kann keinen Halt geben. „Wie sollen andere etwas an mir lieben, wenn ich dort, wo es gefüllt sein soll, nur Leere verspüre?“ Wie sollen tiefe Kontakte zu anderen Gruppen entstehen, wenn sie selbst nicht weiß, wer sie ist?
Der eigene Wert ist ihr nicht bekannt. Das Innere strahlt nach außen. Andere finden Ariane nett, freundlich und vielleicht auch bezaubernd. Jeder mag sie. Im Inneren spürt Ariane allerdings eine tiefsitzende Wertlosigkeit und ein Abhängigkeitsgefühl. Sie spürt ihren Wert nur dann, wenn sie sich an jemanden bindet. Die Bindung an Menschen bedeutet, dass sie ausgewählt wurde und ihr dadurch eine Wertigkeit gegeben wird. „Er hat mich ausgewählt, also bin ich wertvoll.“
Der Traum steht für die Frage, was andere Menschen an Ariane lieben sollen.
Es ist eine interessante Frage, ob Ariane nur Partner anzieht, die sich ebenfalls wertlos fühlen, da sie sich auch wertlos fühlt. Ähnlich wie ihre Mutter lehnt Ariane vieles im Leben ab. Oft tut sie das unbewusst. Ariane trägt in sich, was sie an ihrer Mutter ablehnt: in kleinkindlicher Art abhängig zu sein, herumgeschubst zu werden, unbeliebt zu sein. All das ist auch in Ariane verankert. Sie schmeichelt sich ein, um zu gefallen.

Lichtgespenster

Letztendlich versucht sie, gesehen zu werden, dabei ist sie nicht das Original, sondern die Kopie.

Dienstag, den 23. März 2010: Meine Fassade aufrecht erhalten

Bei einem Spaziergang durch ein Neubaugebiet komme ich auf eine Rechtskurve zu. Es ist ein schöner, sonniger, warmer Tag und Menschen arbeiten auf ihren Grundstücken. Viele Häuser sind noch im Bau, ich sehe in der Rechtskurve auch noch viele unbebaute Bauplätze. Es ist sehr windig hier. Ich bin froh, dass eine Freundin von mir einen windgeschützten Platz für ihr Haus gewählt hat. Der Wind bringt mich etwas ins Wanken.

Zusammen mit einer Arbeitskollegin, Sandra, betrete ich ein Haus, das aussieht wie ein Fahrrad-Fitness-Center. Dort sind ausschließlich durchtrainierte Männer mittleren Alters. Wir fragen, ob sie uns helfen und wir in ihre Zeitschriften schauen könnten. Ein blonder Mann, ebenfalls gesund und fit, bejaht dies und gibt uns die Zeitschriften. Wir markieren die interessanten Informationen in den Zeitschriften und fragen, ob wir die Zeitschriften mitnehmen könnten. Zu meinem Erstaunen dürfen wir das und wir verlassen das Haus.

Ich bin wieder alleine und sehe wie sich zwei Fahrradfahrer bekriegen. Auf dem einen Fahrrad sitzt jemand mit einer blauen Affenmaske und schießt mit einem Gewehr auf den blonden Mann, der uns die Zeitschriften geschenkt hat. Ich weiß, dass ihn die Platzpatronen nicht umbringen. Ich spüre aber, dass derjenige mit der Affenmaske bis zum Äußersten geht und eine aggressive Freude entwickelt. Der blonde Mann wird getroffen und fällt vom Fahrrad. Ein anderer Mann hilft ihm beim Aufstehen.

- Maske = Macht den Träumer auf die eigene Fassade aufmerksam. Er möchte nicht, dass andere Menschen wissen, was er denkt und fühlt
- Affe = infantile, kindliche, eingesperrte Seite, Verschmitztheit, Frechheit, Neugier mit aggressiven Tendenzen
- Blau = Farbe des klaren, blauen Himmels, primäre Heilfarbe, verweist auf Entspannung, Schlaf und Friedfertigkeit
- Muskelmann = Animus – unbefleckt, etwas naiv, geradlinig, hilfsbereit, bescheiden, zurückhaltend

Ariane versteckt ihre emotionale Verfassung vor anderen. Dem ewigen Sonnenschein muss es ja auch immer gut gehen. Der Traum zeigt, dass der männlicher Anteil in ihr stark und gesund ist. Die unterdrückten Emotionen versteckt sie gut. Sie hält die Fassade aufrecht.

Täglich stellt sie sich die o. g. Fragen: Sie findet keine Antworten. Ihr Kopf dreht sich. Ariane möchte mit ihrem Partner etwas Gemeinsames, nicht etwas, das sich kontinuierlich wie eine Verpflichtung anfühlt. Gemeinsam wachsen, ein gemeinsames Projekt. Ihre Wut und Unausgeglichenheit unterdrückt sie. Wie sie sich fühlt, bleibt ein Geheimnis.

Lichtgespenster

Sonntag, den 04. April 2010: Kreative Erfüllung suchen

Eingehakt bei einem Mann gehen wir auf einen Platz zu, auf dem Wohnwagen stehen. Sie sehen wie Verkaufsstände aus, an denen man Geld tauschen kann. Wir gehen auf einen Wagen zu, von dem gerade ein Mann weggeschickt wird, der Falschgeld tauschen wollte. Die Geldwechslerin zeigt uns, woran man einen Schein erkennt, der nicht echt ist. Auf dem Schein sind mehrere Skulpturen bzw. Statuen abgebildet, einer fehlt der Kopf. Weiterhin sagt sie, müssen bestimmte Attribute vorhanden sein, z. B. fehlt bei einer Statue das Attribut Musik. Sie sieht aus wie Aphrodite. Während die Geldwechslerin mir die Fehler zeigt, fasst sie mir an die Brust und ich denke, dass es ein schönes Gefühl sei. Ich will mehr davon.

- Geld = der Wert, dem der Träumer einem Gegenstand gibt bzw. sich selbst gibt.
- Brust, Busen = der Wunsch nach Verbundenheit mit einem Menschen

Musik hat schon immer Arianes Leben begleitet. Früher hat sie Klavier und Gitarre gespielt, schon immer hat sie gern gesungen und getanzt. Musik und Rhythmus drücken ihr innerstes Selbst aus und dadurch auch eine Verbindung zum Leben. Musik und Tanz fehlen in ihrem Leben. Es fehlt, sich zu bewegen, zu singen und dadurch den Emotionen freien Lauf zu lassen. Diese Aspekte müssten sie eigentlich täglich begleiten. Der Traum sagt klar und deutlich, dass Ariane sich in all den Lebensumständen nach weiblicher Erfüllung, geistiger

Schönheit und nach Musik in ihrem Leben sehnt.

Sonntag, den 09. Mai 2010: Männliche und weibliche Emotionen leben

In einer Apotheke werde ich von einem Mann um die 30 angesprochen. Er hat erste Falten im Gesicht, im Übrigen sieht seine Haut jung und glatt aus. Sein Haar ist dunkel, er hat sehr auffallende, aber kleine Ohrstecker. Sie stören mich, aber eher unwesentlich. Der Mann ist charmant und spricht mich an. Er möchte mich kennenlernen. Er flirtet mit mir und strahlt Wärme aus.

Ich biete ihm meine Telefonnummer an, er freut sich. Verschmitzt sage ich, dass ich hoffe, er tue mir nichts an. Er schmunzelt. Ich entscheide mich, ihn anzurufen, da ich keinen Stift finde. Die letzten beiden Nummern sind 1 und 0.

Ich bin auf meinem Geburtstag. Es sind schon ein paar Gäste da. Der fremde Mann kommt auch, wir begrüßen uns. Einen Augenblick denke ich, dass er zu jung für mich sei, verwerfe dies aber gleich wieder. Ich gehe weiter und begrüße Karen. Ich bemerke, dass ich verwundert darüber bin, dass der fremde Mann da ist. Ich gehe weiter zu einem Pavillon und begrüße Nanja und ihre Tochter Anna. Ich knie mich nieder, um Anna zu begrüßen. Anna ist ganz lieb und zärtlich zu mir, sie gibt mir einen Kuss. Anna strahlt, ich bin über den Kuss verwundert. Anna fängt durch ihre Kleidung an, zu strullen. Ihr ist das überhaupt nicht peinlich. Sie pinkelt direkt unter den Pavillon. Nanja sagt ihr, sie solle aufhören, aber Anna lässt sich überhaupt nicht beirren.

- Urin = Loslassen von Emotionen, Wut oder Scham über die gezeigten Emotionen

Der Traum weist darauf hin, dass es Zeit ist, die männliche Seite zu integrieren, sie kann bei der Heilung helfen. Es sind schöne Eigenschaften in Ariane vorhanden: Sie ist charmant und strahlt eine unglaubliche Wärme aus. Sie ist verwundert über diese Eigenschaften, die jetzt zum Vorschein kommen, sie wusste vorher nichts von ihnen. Es wird etwas Schönes in ihr geboren. Kinder symbolisieren immer die Möglichkeiten, die wir im Leben haben. Anna zeigt als Symbol für Ariane, dass sie ihre Gefühle einfach loslassen kann. Gefühle dürfen nicht unterdrückt werden, sie müssen gelebt werden.

Samstag, den 15. Mai 2010: Fehlende Vaterliebe
Mein Vater schwebt vor mir und hat die Haltung eines Embryos. Sein Gesicht sieht verwest aus, es ist rot und blaugrau. Ich frage ihn, ob er mich geliebt habe. Er schüttelt lächelnd den Kopf. Dann frage ich ihn, wie es ihm gehe. Er antwortet, dass ich ja wisse, wie es sei. Er ist in einer wunderbaren Dimension und glücklich. Ich freue mich darüber.
Anschließend treffe ich meine Schwester und meinen Bruder. Ich meckere und mache ihnen Vorwürfe. Beide lächeln nur. Sie sind völlig neutral, ja sogar gleichgültig gegenüber meinen Vorwürfen. Ich ärgere mich darüber. Ich glaube, dass ich mich darüber ärgere, wie das Erbverfahren gelaufen ist und dass wir

nicht darüber reden.

Arianes Vater ist zu diesem Zeitpunkt seit einem Jahr tot. Er hat sie nie geliebt, weil er es nicht konnte. Ariane hat es geschafft, ihm zu verzeihen. Trotzdem fühlt sie auch nach dem Traum die Gleichgültigkeit, die er ihr entgegenbrachte. Egal, was Ariane machte, ob sie Leistung erbrachte oder einfach nur da war, sie war für ihren Vater uninteressant, er liebte sie nicht.

Dienstag, den 01. Juni 2010: Alles, was ich brauche, ist bereits da

Ich habe von Alina Unrecht, einer Arbeitskollegin, geträumt. Sie ist eine sehr schöne Frau, attraktiv mit einer tollen Ausstrahlung. Ich bewundere ihre aufrechte Haltung, ihren stolzen Gang und ihre Gelassenheit. Sie hat Anmut und kleidet sich schlicht und schön. Ich mag sie, finde sie sehr sympathisch.

Alina hat eine EC-Karte in der Hand und möchte etwas bestellen. Sie geht mit der Karte an einen Touch-Screen, der aussieht wie ein Fernseher, auf dem ein Film läuft. Der Film zeigt ein Geschäft, das die Regale mit den Produkten repräsentiert. Alina wählt die passenden Produkte aus und will sie sich später liefern lassen. Zwei Menschen machen Späße darüber, ich muss über die beiden lachen.

- Zwei = Zweifel
- Film = das Leben des Träumers
- Bestellung = kann ich alles in meinem Leben

erreichen, was ich mir wünsche, was ich bestelle?

Ariane fragt sich immer wieder, ob ihr Leben vorbestimmt sei. Wie kann sie auf die *Produkte des Lebens* zugreifen? Ist es wirklich so einfach, einen Wunsch loszuschicken und die Bestellung später zu bekommen? Ist es wirklich so, dass wir als Menschen alles bekommen können, was wir uns wünschen? Die beiden Menschen auf der Straße machen ihre Späße darüber.

Samstag, den 10 Juli 2010: Unterstützung durch den Erzengel Raphael
Heute gehe ich mit meinem Kollegen Raphael Hand in Hand ins Kino. Dabei bin ich mir unschlüssig, ob ich ihn doch lieber einhaken oder weiter an die Hand nehmen soll. Obwohl wir beide wissen, dass wir kein Paar sind, lache ich darüber, dass wir wie ein Paar aussehen. Ich bin irgendwie unsicher.
Beim Kino angekommen bezahlen wir unsere Karten. Raphael hat für seine Karte 1,50 Euro mehr bezahlt als ich und kann dadurch an einem Gewinnspiel mit der Maus teilnehmen. Ich schaue verwundert, zahle aber nur 8,50 Euro und verzichte auf die Teilnahme.

Wie in einem Kinofilm betrachtet Ariane ihre Lebenssituation. Dabei ist sie nicht alleine, sondern wird begleitet. Es kann Heilung auf vielen Ebenen ihres Lebens erfolgen. Dennoch hat sie immer Bedenken, ihre angestrebten Ziele nicht zu erreichen. Es gibt keine Garantie dafür.

Donnerstag, den 15. Juli 2010: Das Leben selbst bestimmen oder in der Situation verharren?
Sybille und ich entscheiden uns, noch ins Kino zu gehen. Die gefühlte Zeit ist 1:30 Uhr in der Nacht. Wir sehen uns Plakate an und Sybille fragt, ob ich den Motorradfilm „Wings of Irgendwas“ schon gesehen habe. Wir sehen uns die Plakate an und Sybille erklärt, dass der Titel mit der Form des Motors zu tun habe. Wir entschließen uns, Twilight anzusehen, und kaufen zwei Karten.
Sybille hat für die Karten mehr bezahlt als ich, ich sage nichts und beobachte die Kassiererin, die noch einmal in die Kasse schaut, den Bon ansieht, aber nichts sagt. Ich schlage vor, dass wir noch ein Eis essen gehen und hoffe, dass die Eisdiele noch geöffnet hat. Als wir an dem Filmplakat vorbeikommen, denke ich an meinen Exmann, der mir genau erklären könnte, was der Titel mit der Form des Motors zu tun hat.

Die Themen des Lebens beschäftigen Ariane weiterhin. Freiheit ist für sie eine wichtige Lebensgrundlage. Sie möchte sich nicht mehr eingeengt fühlen und für alles, was sie tut, eine Erklärung abgeben müssen. In der aktuellen Lebenssituation ist es für sie wichtig, sich mit den allgemeinen Dingen des Lebens zu beschäftigen. Wo steht sie gerade, wo will sie hin und wie kann sie das umsetzen? Im Traum entscheidet sich Ariane für einen Vampirfilm, für einen Blutsauger-Film, nicht für den Motorfilm. Ariane bleibt in der für sie Energie raubenden Situation und verleiht sich selbst keine Flügel – sie wählt den für das Weiterkommen falschen Film.

Samstag, den 17. Juli 2010: Mein Leben den anderen überlassen

Der Vater meines Lebensgefährten, Opa Adi, wie wir ihn liebevoll nennen, und ich fahren in einem alten Golf spazieren. Opa Adi fährt und das Lenkrad ist auf der rechten Seite. Es quietscht alles und ich habe das Gefühl, dass bestimmte Teil an diesem Auto nicht mehr funktionstüchtig sind.

Wir befinden uns im Saarland und fahren einen steilen Berg hinunter. Opa Adi bremst und das Auto reagiert nur zeitverzögert. Ich fühle mich nicht sicher und drücke mich ganz tief in den Sitz hinein. Ich bin mir nicht sicher, ob wir gemeinsam heil unten ankommen. Auf halber Strecke steige ich aus.

An der Stelle befindet sich ein Zeitschriftenstand mit verschiedenen Illustrierten, auf denen die typischen halbnackten, schönen Frauen abgebildet sind. Ich wühle durch die Zeitschriften, wobei mir auch einige auf den Boden fallen.

Stefan Hartel, ein alter Schulfreund aus der Realschule, kommt mit zwei Freunden vorbei. Ich bin sehr verwundert, ihn hier zu sehen. Er erklärt mir, dass er Architektur studiere und es hier besonders schöne Häuser gebe, die er sich einmal ansehen möchte.

- Auto = Ariane

Lichtgespenster

Ariane hat ihr Leben an ihre rationale Seite abgegeben. Aber auch die ist erschöpft und müde. Viele ihrer Gefühle sind unterdrückt, sie funktioniert noch immer. Auf der Hälfte ihres Lebens steigt sie aus. Es ist ihr vieles gleichgültig geworden und sie agiert nur noch. Ihr Lebensgefährte hat sich aus ihrem gemeinsamen Leben verabschiedet und möchte sie eigentlich bei gemeinsamen Aktivitäten mit den Kindern nicht mehr dabei haben. Auch das lässt sie mit sich machen.

Mittwoch, den 04. August 2010: Wer bin ich und wie möchte ich leben

Karin und ich sind auf einem Dorf und stehlen vor einem Haus ein Fahrrad; wir wissen, dass wir es wieder zurückbringen. Karin fährt mit dem Fahrrad, ich gehe nebenher. Wir drehen uns beide zum weißen Haus um, um zu prüfen, ob uns jemand folgt.

In einer Bücherei angekommen gehen wir gemeinsam durch die Regale. Karen gibt mir ein Kinderbuch. Das Buch ist innen und außen bunt und in Regenbogenfarben gestaltet. Im Buch sind Reihen zu sehen, auf denen Geschichten von einer kleinen Figur erzählt werden. Karin sagt, es sei ein Kinderlied und ob ich es erkenne? Das Buch ist abgegriffen, viel gelesen und es wirkt sehr fröhlich auf mich.

Eine blonde Frau sitzt auf einer Bank neben den Einkaufskörben. Ich bringe das Buch zu einem Korb, merke aber, dass es gar nicht mein Korb ist.

Arianes eigene Individualität hat sie nie richtig gelebt. Ihr Leben gestaltet sich weiterhin nach anderen Lebensmustern, die sie adaptiert, sie lebt an ihrem Leben vorbei. Sie ist weiterhin auf der Suche nach der eigenen Identität. Täglich stellt sie sich Fragen nach ihren Bedürfnissen, Ängsten und danach, wie ihr Leben in Zukunft aussehen soll. Dabei empfindet sie eine tiefe Ungeduld und eine unendliche Wut über ihre aktuelle Lebenssituation.

Interessant ist zu beobachten, dass die Träume in diesem Jahr weniger wurden, als hörte ihre Seele damals auf, ihr weitere Nachrichten zu schicken. Auch ein letztes Aufbäumen ihrer Träume hörte sie nicht.

Mittwoch, den 22. September 2010: Ausweglosigkeit

Zurzeit befinde ich mich mit meinen Karate-Freunden in den Bergen. Wir brechen auf und ich denke, dass wir jetzt nach unten klettern und nach Hause fahren. Ich merke aber erst nach kurzer Zeit, dass wir den Weg nach oben nehmen. Die Wege sind steil und schmal, ich rutsche ab, kann mich aber halten. Plötzlich türmt sich vor uns ein Stapel von Büroutensilien auf, der aussieht wie die Bergspitze. Ich will mich daran festhalten, als der Stapel plötzlich über uns zusammenbricht. Ich drehe mich um, lasse alles auf mich niederprasseln und bin erstaunt, dass es überhaupt nicht schmerzt. Das Zusammenbrechen der Bergspitze hat die Sicht auf eine Stadt und ihre Kirche freigelegt. Als wir die Stadt

erreichen, gehen wir in eine Jugendherberge zum Frühstücken. Im Speisesaal laufe ich schnell zu einem Platz, um nicht alleine zu sein und dazuzugehören.
Susanne ist ebenfalls bei dem Ausflug dabei. Sie hat ein neues iPhone bekommen und wir wollen es draußen ausprobieren. Als wir hinausgehen, sehe ich, dass der Kofferraum von meinem Auto geöffnet ist. Ziegen laufen herum und eine davon schnappt meinen Pullover und hält mich fest. Ich schreie um Hilfe und renne weg. Da stellt sich die Ziege mit beiden Vorderbeinen in meinen Kofferraum.

- Weg = der eigene Lebensweg
- Nach oben = Bewusstsein
- Stapel von Büroutensilien = ein Berg von Sorgen türmt sich auf
- Kirche = Ort der Zuflucht
- Stadt = Auseinandersetzung mit der Umwelt
- Ziege = Allesfresser

Die täglichen Belastungen werden mehr. Spürt sie in sich hinein, spürt sie nichts. Es fühlt sich in ihr tot und leer an – sie ist nicht in sich selbst daheim. Ariane ist sich fremd, ihr ist nicht bewusst, was sie kann, und weiß nicht, zu wem oder wozu sie gehört. Einsamkeit zieht ein. Im Stillen schreit sie nach Hilfe, weiß jedoch nicht, woher diese kommen soll.

Mittwoch, den 26. Januar 2011: Das Ende meiner Partnerschaft – im Inneren

Lichtgespenster

Als ich in das Wohnzimmer komme, sehe ich meinen Lebensgefährten auf dem Sofa sitzen. Das Wohnzimmer ist kalt. Das Fenster ist auf, ich schließe es. Im Wohnzimmer ist es unordentlich, ich fange an aufzuräumen.

Ariane hat innerlich die Beziehung beendet.

Freitag, den 28. Januar 2011: Ein richtungsweisender Traum
Auf einem Seminar von Pierre Franckh haben die Teilnehmer und ich die Aufgabe, ein großes Bild zusammenzusetzen. Ich habe keine Ahnung, worum es geht, und sehe, dass die anderen schon sehr weit sind. Auf der Rückseite des Bildes habe ich eine große Familie gemalt und bin sehr glücklich darüber, dass ich das schon fertig habe.
Ich nehme ein Blatt mit vielen Aufklebern darauf und ziehe ein orangenes Herz ab. Auch jetzt habe ich keine Ahnung, wohin ich dieses Herz kleben soll. Ich frage Mark Schneider, einen alten Freund aus früherer Zeit, bekomme aber keine Antwort, weil er sie eben auch nicht weiß. Ich denke, dass mir nur Pierre Franckh bei dieser Antwort helfen kann.

- Herz = wo im Leben des Träumers ist er bereit Liebe zu geben und zu empfinden
- Orange = verbrennen

Ariane war es zu jener Zeit nicht bewusst, dass alles, was sie benötige in ihr war. Zu sehr vermied sie damals, mit sich selbst in den Dialog zu gehen und ihrer inneren Stimme zuzuhören.

Diese Vermeidungsstrategie führte dazu, dass sie sich nicht mehr spürte. Sie hatte Angst vor den Gefühlen, die hochkommen könnten. Nur das Außen zählte für sie. Nach Hilfe suchend, versuchte sie Antworten bei anderen zu finden. Sie suchte nach Menschen, die in den Medien Hilfe versprachen, nach Freunden, die oft auch keine Ahnung hatten, nach Büchern oder anderen Lebensideen bei anderen Menschen – aber nie bei sich selbst. Diejenige, die es eigentlich am besten wissen musste, war und ist Ariane. Ariane versuchte ständig, etwas zu kopieren und nicht das Original zu sein. Sie suchte Aufmerksamkeit, Anerkennung, passte sich an und erbrachte täglich ihre Leistung. Ihr Selbst und ihr Leben haben sich verbogen, sich in eine Rolle hineinpressen lassen, in die sie nicht passten.
Alles ist in uns für ein erfülltes Leben als Original. Verbinden wir unser Herz mit unserem Verstand, gelangen wir an den Ausgangspunkt, der uns den eignen Weg zeigt. Diesen Dialog zu halten und ihn zu pflegen, ist der erste Schritt zur Selbstliebe und zum Aufbau des Selbstwertes.

5.6 Zusammenfassung des Lebensabschnitts

Träume sind oft erst einmal negativ und machen Angst, weil sie archaische, nicht integrierte Gefühle wachrütteln. Gefühle, die nicht bewusst gelebt werden, kommen in den Träumen zum Ausdruck. Sie werden durch Situationen, Bilder und Menschen in den Träumen hervorgerufen. Gefühle sind in Träumen immer echt. Sind wir mutig und setzen uns mit den Träumen ernsthaft auseinander, ist es möglich, dass sich die Gefühle ändern, weil wir sie annehmen und die Botschaften der Träume und die eigene Lebenssituation verstehen lernen. Angst verwandelt sich in Freude, in positive Lebensenergie. Stellen Sie sich Ihren Träumen und Sie werden diese Verwandlung erleben.

In unserem Körper ist über die Jahre ein Energiefeld von negativen Gefühlen und Emotionen gewachsen. Gefühle und Emotionen wie Angst, Traurigkeit, Wut, Einsamkeit, usw. sind erwachsen aus Situationen, die wir nicht verarbeitet haben. Dieses negative Energiefeld wird auch als Schmerzkörper bezeichnet. Er ernährt sich durch eigene, negative Gedanken, Glaubenssätzen, Menschen, mit denen wir Konflikte haben, Bilder, die traurige Erinnerungen in uns hervorrufen und vieles mehr. Der Schmerzkörper wird größer, wenn wir ihm diese Nahrung geben.
Emotionen und negative Gefühle haben eine bestimmte Schwingung. Treffen gleiche Schwingungen aufeinander, so können sie sich gegenseitig nähren. Das heißt, Menschen, die einen ähnlich schwingenden Schmerzkörper haben nähren den jeweils anderen dadurch, dass er als Projektion des eigenen Schmerzkörpers dient. Der eigene Schmerzkörper wird aufgewühlt und die Emotionen brechen in Form eines Streits hervor. Nach dem Streit ist dieser Schmerzkörper nicht verkleinert worden, sondern vergrößert. Der eigene

Schmerzkörper hat die negative Energie des anderen aufgenommen und sich selbst davon ernährt.

Wir können diesen Schmerzkörper nur verkleinern, wenn wir die Gefühle in ihm fühlen. Durch Achtsamkeit sich selbst gegenüber, wahrnehmen der eigenen Gefühle, durch das Fühlen dieses Schmerzkörpers, nehmen wir den negativen Gefühlen die Chance zu wachsen.

Die beschriebene Lebensgeschichte mit authentischen Träumen führt sie als Leser in eine fremde Traumwelt. Haben wir ähnliche Erfahrungen gemacht, lösen die Träume bei uns Erinnerungen wach. Die Träume geben Hinweise, wesentliche Themen anzuschauen, die uns wachrütteln, ungelöste Probleme zu hinterfragen und zu beantworten.

Achtsamkeit im Leben, im Hier und Jetzt leben, das Leben spüren, mich selbst spüren, um dann immer mehr ich selbst zu werden, diese Aspekte begleiten auch mich jeden Tag. Ich spüre eine wunderbar kribbelnde innere Energie, meine Seele, die in der aktuellen Situation Freudensprünge zu machen scheint. Ich gehe immer wieder in mich, spüre in mich hinein und frage mich, wie es mir geht. Ich habe Träume, die mit Abhängigkeit zu tun haben und die mir aufzeigen, dass es jetzt Zeit ist, sich davon zu lösen. Mein Inneres sowie mein Äußeres, die Begegnung mit Menschen signalisieren mir, dass es Zeit ist, sich davon zu lösen, es anderen recht machen zu wollen. Denn jeder Mensch braucht, um sein eigenes Leben zu gestalten, in erster Linie sich selbst. Wir tragen alle

Informationen in uns, um seelengerecht zu leben und zu lieben.
Was mich immer wieder überrascht, ist das Wissen, das wir in uns tragen und das durch Träume abgerufen werden kann. Viele Informationen sind uns im täglichen Leben nicht immer bewusst oder abrufbar. In uns Menschen gibt es anscheinend einen Wissensspeicher, der über alle Informationen des Lebens verfügt. Die Seele kann beliebig darauf zugreifen und diese Informationen abrufen, sie in die Symbolik der Träume einfließen und uns zukommen lassen. Das Verstehen und Interpretieren obliegt dem jeweiligen Träumer. Über unsere Gefühle finden wir eine Interpretation, welche die Träume in Wissen verwandelt, das für den Verstand greifbar ist. Ist ein Traum geträumt, so weisen uns Gefühle und das aktuelle Leben immer wieder darauf hin, was für uns stimmig ist. Indem wir Träume aufschreiben, fühlen wir die Wahrheit in uns und den Bezug zur Realität. Wir entwickeln ein Gespür dafür, was geändert werden muss und was bleiben darf.

Die Seele lässt immer nur das zu, was wir verkraften können. Gefühle sind der Navigator durch das Leben. Fühlt sich etwas leicht und energiereich an, so öffnen sich Türen, durch die wir einfach hindurchgehen können. Widerstände sind oft Wegweiser, dass wir noch nicht auf dem richtigen Weg sind oder sich das Leben die Frage stellt: „Willst du das wirklich?“
Meine eigenen Erfahrungen haben mir gezeigt, dass wir Menschen immer wieder in Situationen gebracht werden, die

das gleiche Gefühl auslösen, wenn es das ist, was es momentan zu lösen gilt. Dabei können diese Situationen unterschiedlich sein und dennoch immer das gleiche Gefühl auslösen.

Die Erlebnisse in den oben beschriebenen Jahren führten Ariane dazu, sich von ihrem Lebenspartner zu trennen. Dadurch trennte sie sich auch von einer täglichen Konfrontation mit dem Schmerzkörper ihres Partners. Die Trennung brachten verschiedenen Gefühle in ihr hervor, die sie annahm und durchlebte. Eine Teilmenge negativer Gefühle in ihr haben sich dadurch gelöst. Es entstand in ihr eine Freude darüber, den Mut gehabt zu haben sich zu trennen und den Weg alleine weiter zu gehen.

Negativen Gefühle in Bezug auf ihre Abhängigkeit von Lebenspartnern sind dadurch bereinigt worden. Gefühle, die sie immer wieder durchlebt hatte, sind verschwunden. Durch den Mut auf den eigenen Füßen zu stehen, gewann Ariane an Selbstvertrauen, dass sie ihr Leben auch alleine meistern konnte. Die Trennung war ein Lernaspekt, den sie erleben musste.

Um unserer Seele näherzukommen, ist es wesentlich, unsere Gefühle zuzulassen und zu erkennen, warum eine Situation so war, wie sie war. Erst wenn die Erkenntnis eintrifft, lässt die Seele Entwicklung zu, erst dann kann ich als Mensch das unangenehme Gefühl vollkommen integrieren, welches die Konfrontation mit dem Lebenspartner immer wieder auslöste. Situationen, die denen ähneln, die wir bereits verarbeitet haben, haben keinen Einfluss mehr auf uns. Die Seele hat die Erfahrung gemacht, die sie machen wollte.

Der Verstand versucht oft, das Gefühl mit dem Kopf zu lösen, das kann niemals funktionieren. Wir suchen Erklärungen, die uns schließlich gedanklich beruhigen. Gedanken lösen Gefühle aus; Gefühle müssen gefühlt und angenommen werden. Dadurch lassen wir insbesondere negative Gefühle *gehen*. Das gedankliche Festhalten am Gefühl nährt seine Existenzberechtigung.

Die Seele mit den Fähigkeiten und Eigenschaften, mit der zu folgenden Lebensspur steht oft einer Mauer von negativen Gefühlen, Ängste, Aggressionen, Wut, Verzweiflung gegenüber. Diese Mauer verhindert, das Innere nach außen zu bringen, die wunderbare Kombination von Eigenschaften und Fähigkeiten eines Menschen nach außen zu projizieren. Es bedeutet Stillstand, vor solch einer inneren Mauer zu stehen.

Vertrauen Sie sich und lassen Sie Gefühle zu – negative wie auch positive.

6 Interpretation der Träume

6.1 Vorbereitung für das Träumen

Damit wir uns an unsere Träume erinnern können, müssen wir das wirklich wollen. Zweifeln Sie, dass Träume Ihnen den Lebensweg weisen, oder glauben Sie, dass Sie sowieso nicht träumen, erschweren Sie sich die Traumarbeit. Auch wenn Sie meinen, nie zu träumen, haben Sie Träume. Vielleicht erinnern Sie sich nur nicht daran.

Für die Traumdeutung benötigen Sie ein Buch, in das Sie Ihre Träume schreiben, denn Träume haben die Eigenschaft, im Laufe des Tages zu zerrinnen. Wir erinnern uns nur noch an eine Teilmenge oder einzelne Ausschnitte des Traumes. Den Traum kennen wir nur aus der Erinnerung nach dem Erwachen. Werden wir wach, ist er da. Der Traum ist noch lebendig und wir können uns an viele Einzelheiten erinnern. Genau dann ist der beste Zeitpunkt, um Träume aufzuschreiben.

Die handschriftliche Aufzeichnung in einem Buch, das direkt neben dem Bett liegt, hat sich dabei als sinnvoll herausgestellt. Durch regelmäßige Aufzeichnungen in einem Traumtagebuch haben Sie den ersten Schritt getan, die Botschaften an Sie entschlüsseln zu können. Natürlich können Sie Ihre Träume auch mit einem elektronischen Medium wie PC, Laptop, iPad etc. aufzeichnen, doch die handschriftliche Dokumentation ist persönlicher. Sie baut noch einmal eine Brücke zwischen Ihnen

und dem Traum. Der Aufwand, morgens erst einmal zum PC zu gehen, ihn anzuschalten, das richtige Dokument aufzurufen und anfangen zu schreiben, ist möglicherweise größer. Das Schreibheft können Sie direkt neben dem Bett platzieren. Wenn Sie nicht gerne schreiben, ist ein Diktiergerät oder eine Diktier-App auf ihrem Handy ebenfalls eine gute Alternative. Sie können sich so ihre Träume immer wieder anhören oder später in Ruhe aufschreiben. Beim Diktieren können Sie nach einem bestimmten Schema vorgehen oder spontan und intuitiv sprechen und die Inhalte später strukturieren.
Sie können sich im Vorfeld auch ein strukturiertes Dokument erstellen, welches Ihnen Eingabefelder liefert, um die Aufzeichnung Ihrer Träume zu erleichtern. Einen Vorschlag finden Sie in dem folgenden Kapitel.

6.2 Traumtagebuch – eine Struktur, um sich zu erinnern

Träume muss man von mehreren Seiten betrachten, wie einen Gegenstand, den man dreht und wendet, bis man mit seiner Form vertraut ist. Um Träume zu interpretieren, sollte man immer so nah wie möglich am Traum bleiben. Dazu ist es wichtig, Vorbereitungen zu treffen, damit man träumt. Folgende Tipps möchte ich Ihnen mit auf den *Traumweg* geben:

- Glauben Sie daran, dass Sie träumen werden. Freuen Sie sich darauf und bedanken Sie sich vor dem

Zubettgehen dafür, dass Sie wundervolle Träume haben werden. Dankrituale sind eine *magische* Grundlage, um Träume *herbeizuzaubern*. Inspirierende Anregungen für Ihre Dankbarkeit finden Sie in dem Buch „The Magic“ von Rhonda Byrne.

- Freuen Sie sich auf das Schlafen, seien Sie neugierig, vielleicht ein wenig aufgeregt. Erzeugen Sie eine innere Spannung, so als erwarte Sie ein Geschenk, welches Sie sich schon lange gewünscht haben. Denn nichts anderes ist träumen: ein Geschenk, um Ihren Lebensweg zu bereichern und zu gestalten.
- Lesen Sie vor dem Zubettgehen in Ihrem Traumtagebuch und gleiten Sie mit den letzten Gedanken an Ihre Träume in den Schlaf.
- Legen Sie sich kurz vor dem Einschlafen Ihr Traumtagebuch und einen Stift direkt neben Ihr Bett, sodass Sie nicht aufstehen müssen, um es zu holen.
- Notieren Sie nach dem Schlafen nicht nur, ob Sie geträumt haben, sondern auch, dass Sie sich nicht an Ihren Traum erinnern können. Freuen Sie sich dann auf das nächste Mal. Seien Sie auch dafür dankbar. Vielleicht sollen Sie sich noch auf den Traum in der Nacht zuvor konzentrieren und haben deswegen nicht geträumt bzw. konnten sich nicht daran erinnern.

Für die Traumdeutung empfehle ich Ihnen folgende Aspekte zu betrachten:

Lichtgespenster

1. Was ist gerade tagesaktuell passiert? Wie war Ihr Tag? Wie ist Ihr Tagesgefühl?
2. Wann haben Sie diesen Traum geträumt?
3. Was haben Sie geträumt?
4. Wie waren Ihre Gefühle im Traum bzw. welche Gefühle haben Sie gespürt?
5. Welchen Titel würden Sie Ihrem Traum geben?
6. Welche Symbole waren von besonderer Bedeutung?
7. Welche Menschen kamen in Ihrem Traum vor und welche Eigenschaften haben sie?
8. Gibt es einen Lösungsvorschlag?
9. Schreiben Sie auf, was Sie aus diesen Traum lernen sollen.

Anhand eines Beispiels werde ich Ihnen das Vorgehen erläutern. Dazu greife ich auf den Traum vom Mittwoch, den 02. Dezember 2009, zurück.

Für Punkt eins ist es sinnvoll, am Abend aufzuschreiben, was im Laufe des Tages passiert ist. Mit welchen Menschen sind Sie zusammengekommen, welche Gefühle hatten Sie, welche Situationen haben Sie bewegt, Ereignisse, die Ihnen bevorstehen, Ihr allgemeiner Zustand.

1. Aktuelle Situation, Lebensumstände, Stimmung
Morgen hat Arianes Sohn Geburtstag, sie freut mich sehr

1. Aktuelle Situation, Lebensumstände, Stimmung
darauf. Sie haben Kuchen gebacken und Vorbereitungen für seine Feier getroffen. Er wird jetzt vier Jahre alt und Ariane freut sich über seinen Tag. Sie haben seine Freunde eingeladen, er hat sich eine Schatzsuche gewünscht. Dazu haben sie den Schatz im Sandkasten vergraben. Da es zum ersten Mal geschneit hat, hofft Ariane, dass sie den Schatz wieder ausgraben können. Ariane bin freudig erregt. Es wird ein schöner Tag werden, sie freut sich so über ihren tollen Sohn. Solche Tage könnte es öfter geben.

Um auch nach längerer Zeit die eigene Lebensgeschichte und die dazugehörigen Träume nachzuvollziehen, ist es wichtig, das Datum und die Tageszeit aufzuschreiben. Ich selbst gehöre zu den Menschen, die gerne früh aufstehen und sich einen Mittagsschlaf gönnen, wenn es möglich ist. Die Träume kommen bei mir deswegen nicht nur in der Nacht, sondern auch während des Mittagsschlafes. Damit nachzuvollziehen ist, dass der Traum im Anschluss an das Tagesgeschehen stattgefunden hat, notieren wir das aktuelle Datum, wenn wir aufwachen.

2. Datum und Tageszeit
Mittwoch, den 02. Dezember 2009, in der Nacht von Dienstag auf Mittwoch.

Lichtgespenster

Im Folgenden notieren Sie sich Ihren Traum. Dafür ist es nicht unbedingt notwendig, eine kleine Geschichte zu schreiben. Notieren Sie sich auch gerne nur Stichworte. Gerade morgens ist es manchmal nicht leicht, sinnvolle, aneinandergereihte Wörter zu finden. Wörter, die als Stichpunkte dienen können, sind im folgenden Beispiel unterstrichen.

3. Mein Traum
In meinem Traum bin ich in New York, der Stadt mit den unbegrenzten Möglichkeiten. Auf einer Messe treffe ich auf einen Mann, der aussieht wie der Schauspieler Simon Baker aus „The Mentalist". Sein Lachen und seine Ausstrahlung sind fantastisch. Der Schauspieler macht meiner Freundin und mir ein Jobangebot. Er sagt, wir wären wie geschaffen für diesen Job, da wir sympathisch und aufgeschlossen seien. Wir würden auf die Menschen zugehen. So jemanden braucht er. Als Stundenlohn bietet er uns 1,50 Euro, also sehr wenig, wir lehnen dankend ab. Er versucht es erneut und zeigt mir Angebote aus verschiedenen Ländern auf einer Karte. Die Karte zeigt Amerika. Ich erkenne Chile, der Schauspieler zeigt aber auch auf ein mir unbekanntes Gebiet und sagt, dass es dort schön und sicher sei. *Simon Baker ist mir sehr sympathisch und ich lache sehr viel mit ihm. Zusammen gehen wir auf sein Zimmer. Wir ziehen unsere Schuhe aus und ich sehe, dass er ein Stück kleiner ist als ich. Wir gehen zwei, drei Stufen hinab in ein anderes Zimmer. Simon umarmt mich und fasst mir mit*

3. **Mein Traum**
beiden Händen in die Hose. Seine Berührungen kitzeln am nackten Po und ich fange an, zu lachen. Ich werde dann aber wieder ernst und küsse ihn. Es ist unglaublich schön. Mein Gefühl ist ganz warm und liebevoll. Es riecht nach Sonne, Wasser, Strand und Meer. Einfach super schön.

Das Wesentliche in Träumen sind die Gefühle. Die Gefühle aus den Träumen übernehmen wir in den Alltag. Haben wir schlechte Träume oder gar Albträume, erwachen wir möglicherweise unruhig, ein wenig ängstlich oder nur schwer. Der Tag beginnt meist nicht ganz so schwungvoll wie nach beflügelnden oder freud- und liebevollen Träumen. In dem New-York-Traum ist alles möglich und genau das hat Ariane am nächsten Tag gespürt. Obwohl es Ariane körperlich schon eine ganze Weile nicht besonders gut ging, hatte sie eine inspirierende und ansteckende Ausstrahlung.

4. **Gefühle**
• Ariane empfand eine Weite in sich – alles ist möglich • Freude, Aufregung • Es fühlt sich alles warm in Ariane an • Liebe • Freiheit • Insgesamt ein sehr, sehr positives Gefühl

Jeder Traum hat eine Kernaussage, vielleicht auch eine Schlüsselfrage. Die Kernaussage führt uns zu einem aktuellen Thema, einer Botschaft, die wir für uns entschlüsseln sollen bzw. die für uns Fragen an unser Leben aufwirft.

5. **Titel des Traumes**
Alles ist möglich – im Land der unbegrenzten Möglichkeiten

Traumsymbole sind von Zeichen zu unterscheiden. Zeichen sind weniger gehaltvoll als Symbole. Symbole sind natürlich auftretende und spontane Erscheinungen, niemand kann einem Gedanken, den er durch logische Überlegung gewonnen hat, spontan eine symbolische Interpretation geben. Auch kreative lassen einen Gedanken nie zu einem Symbol werden, der Gedanke ist immer nur ein Zeichen mit einer phantasievollen Idee dahinter. Zeichen werden erfunden, Symbole nicht. Symbole können überall auftreten, nicht nur in Träumen. Es gibt Gedanken und Gefühle in symbolischen Handlungen und Situationen. In Träumen treten Symbole spontan auf, da Träume *geschehen* und nicht von uns erfunden werden. Jung sagt, sie bilden die Hauptquelle unserer Symbolkenntnis (Jung, 1999).
Traumsymbole sind nie eindeutig, sie weisen meistens auf mehrere Bedeutungen hin. In Träumen können alle aus dem Tagesbewusstsein vorhandenen Elemente selektiert werden: Fahrzeuge, Personen, Tiere, Pflanzen, Landschaften, Straßen, Farben, Gebäude, Geld, Wasser, Tod, Krieg, Zahlen etc. Im

Folgenden markieren Sie die für Sie auffallenden Traumsymbole im aufgeschriebenen Traum – ohne zu interpretieren. Insbesondere Symbole, die als besonders angenehm oder unangenehm im Traum empfunden wurden, sind wesentliche Wegbegleiter. Versuchen Sie im ersten Schritt, ihre Traumsymbole so weit wie möglich selbst zu verstehen und greifen Sie erst im zweiten Schritt zu einem Traumlexikon *(siehe Kapitel 9: Literaturverzeichnis)*. Seien Sie bei der Interpretation der Symbole kreativ, fragen Sie sich, welche Bedeutung dieses Symbol für Sie hat. Fragen Sie sich weiter, ob und wie diese Bedeutung konkret auf Ihr Leben anzuwenden ist. In Arianes Traum fand sie für Freundin und Po keine Erklärung und griff auf ein Traumlexikon zurück.

6. Traumsymbole und ihre Bedeutung	
New York	Stadt der unbegrenzten Möglichkeiten
Schauspieler	verschiedene Rollen einnehmen
The Mentalist	Gedanken beeinflussen, verändern – vielleicht auch von anderen?
Ausstrahlung, Lachen, sympathisch, aufgeschlossen	Eigenschaften von Ariane, die sie sympathisch machen
Freundin	stellt immer ein Anteil des Träumers dar
Karte	Wegweiser, Übersicht

6. Traumsymbole und ihre Bedeutung	
	bekommen
Amerika	Land der unbegrenzten Möglichkeiten
Chile	kann nicht interpretiert werden, ist vielleicht nur ein Hilfsobjekt
Stufen hinabgehen	ins Unterbewusstsein absinken
Unbekanntes Gebiet	neues Leben, neuen Lebensabschnitt betreten; keine Angst vor Veränderungen haben; auch da ist es sicher und schön
Po	sexuelle Wünsche
Sonne und Wasser	Sommer als Lieblingsjahreszeit

7. Menschen	
The Mentalist	Ariane liebt die Serie *The Mentalist*, insbesondere den Schauspieler. Sie mag seine positive Ausstrahlung, sein Lachen, sein Aussehen, seine Augen, seine Art, Menschen zu interpretieren; die Kombinatorik, nach der er Kriminalfälle löst; Unbekanntes in Realität zu verwandeln, das Jungenhafte, seine emotionale Stärke, seinen Humor; die Art, mental anscheinend nicht

7. Menschen	
	anwesend zu sein, aber dennoch alles mitzubekommen.
Freundin	Da es eine unbekannte Frau war und Ariane sich auch nicht mehr an sie erinnern kann, spielt sie in diesen Traum ein Hilfsobjekt und ist nicht weiter relevant

8. Hat der Traum eine Lösung

Der Traum stellt zum einen dar, wie Ariane als Mensch ist, welche positiven Eigenschaften sie hat. Da ist die Ausstrahlung, das Sympathische, das Lachen und auch das mentale Einfühlungsvermögen. Sie hat ein Gespür für andere Menschen. Zum anderen weist der Traum darauf hin, *neues Land* zu betreten, etwas Unbekanntes auszuprobieren und aus dem Alltagstrott auszusteigen. Im weiteren Sinn ist das sicherlich ein Lösungsansatz; der Traum bietet aber keine konkrete Lösung an. Das Ziel und der Weg müssen also noch gefunden werden.

9. Welche Bedeutung hat der Traum für mich?

In der Interpretation des Traumes weiter oben habe ich bereits auf etwas Wesentliches hingewiesen: „Sie mag seine positive Ausstrahlung, sein Lachen, sein Aussehen, seine Augen, seine Art, Menschen zu interpretieren..." Die Aussage des Traumes ist, dass alle Eigenschaften, Fähigkeiten und Ressourcen in Ariane vorhanden sind, um ihr Leben zu ändern. Es ist ein Statustraum, der ganz eindeutig zu verstehen gibt, wer Ariane ist und welche inneren Instrumente ihr zur Verfügung stehen, ihren Lebensweg in eine andere Richtung zu lenken.

Seit ihrer Kindheit beschäftigt sich Ariane mit Kriminalromanen, dem Mystischen und Unglaublichen des Lebens. Von Kindheit an stand der Berufswunsch Detektivin oder Kommissarin im Vordergrund. Auch heute noch fasziniert sie die Mischung aus Geheimnisvollem, vielleicht Unlösbarem, dem Abenteuer und das Kombinieren verschiedener Fakten für die Lösung eines Falles.

Vielen Menschen fällt es schwer, möglicherweise weil sie nicht weitreichend von ihren Eltern unterstützt werden, die natürlich Kombinatorik von Eigenschaften, Fähigkeiten und Bedürfnissen auf das aktuelle Leben anzuwenden, um sie selbst zu werden. Der Traum weist in emotional positiver und liebevoller Art darauf hin, dass, egal in welcher Lebensaufgabe Ariane steckt, eine Lösung dieser Lebensaufgabe möglich ist.

Des Weiteren wird Lebensveränderungen angedeutet. Arianes Angst wird deutlich, Sicherheit zu verlieren, falls sie aus dem Lebensraum ausbricht, der ihr nicht guttut. Sicherheit, die sie im Äußeren gesucht und anscheinend gefunden hat. Ariane hat ihre eigene Instabilität an ihren Lebenspartner, an ein Haus und an einen strukturierten Alltag gebunden. Aus diesen täglichen Gewohnheiten musste sie die Kraft zum Ausbrechen

erlangen, um ein für sie lebenswerteres Leben, das heißt, um *ihr* Leben zu finden.
Der Traum gibt Hoffnung, macht Komplimente und befreit von täglichen Ängsten. Er macht Mut, endlich den eigenen Weg zu gehen. Er zeigt verborgene Ressourcen auf.

Die Kernaussage bzw. den Titel des Traumes zusammen mit den Symbolen in Richtung des vorherrschenden Gefühls in ihrem Traum zu deuten, ist ein Schritt auf dem Jakobsweg für Ihr aktuelles Leben. Das resultierende gleichschenklige Dreieck aus Kernaussage, Symbolen und Gefühl beinhaltet die Lösung für Ihre Traumbotschaften und damit für Ihr Leben im Jetzt. Nehmen Sie Ihren Traum ernst, nehmen Sie sich selbst ernst und wichtig. Vertrauen Sie sich und Ihrer Seele, vertrauen Sie auf Ihren Lösungsvorschlag, setzen Sie ihn in kleinen Schritten um; Ihre Träume werden Ihnen sagen, ob es der richtige oder falsche Weg ist.

6.3 Ausblick

Dieses Buch zu schreiben, war eine meiner Visionen. Jeden Morgen arbeitete ich kontinuierlich und voller Freude daran. Es begleitete mich wie ein Freund und gab mir einen Sinn. Für mich wurde dieses Buch zu einem täglichen Begleiter, der mich morgens weckte und mir einen guten Start in den Tag gab.
Jetzt ist es beendet, aber die Träume gehen weiter – Arianes und meine.
Eine wesentliche Botschaft, die ich Ihnen mit diesem Buch vermitteln wollte, ist, dass Sie den Wegweiser für Ihr Leben

immer bei sich tragen. Es ist zum einen Ihre Intuition, die unmerklich im Inneren ein gutes oder nicht so gutes Gefühl vermittelt, zum anderen sind es Ihre Nacht- und Tagträume, die Ihnen den Weg weisen. Beachten Sie immer, Sie selbst sind der beste Übersetzer Ihrer Träume. Sicherlich ist es hilfreich, andere Personen, Therapeuten hinzuzuziehen, die sich mit dieser Thematik schon jahrelang beschäftigen. Meine Erfahrung ist aber, dass man immer weiß oder eine Ahnung davon hat, was die wesentliche Aussage eines Traumes ist. Vielleicht verstehen Sie nicht alles, aber vielleicht können Sie die Kernaussage finden und sich den Traum immer wieder durchlesen. Vielleicht fällt Ihnen dann eine Lösung ein.

Sollten Sie in einer Situation stecken, in der Sie sich krank, müde, erschöpft fühlen, spricht die Seele öfter und vielleicht auch stärker mit Ihnen. Schreiben Sie sich die Träume auf und sehen Sie nach vorn. Nehmen Sie sich Zeit, lassen Sie das Leben fließen und ändern Sie Ihren Kurs in kleinen Schritten. Ist es für Sie der richtige Weg, geht alles wie von alleine. Ist es dieser Weg nicht, werden die Ereignisse oft beschwerlicher. Manchmal reicht es schon, nur einen Schritt nach rechts oder links zu gehen, um dem Schicksal eine andere Richtung zu geben. Ihre Träume sind Ihr Kompass, Ihr Navigationsgerät. Haben Sie den Mut und bleiben Sie mit sich im Dialog. Seien Sie mutig und neugierig auf sich selbst. Gehen Sie eine Liebesbeziehung mit sich selbst ein und setzen Sie Ihre Träume als Paartherapeut ein.

7 Semantik der Bildsprache in Träumen

7.1 Personenverzeichnis

Bereits im Eingangskapitel erwähne ich, dass alle Personennamen geändert wurden. Für jede Person wurden bedeutende Charaktereigenschaften ausgewählt, die für den Traum wesentlich sind. Das heißt, die Personen werden nie in ihrer Gänze beschrieben. Die Seele selektiert gerade die Eigenschaft einer Person, auf die im Traum der Fokus gesetzt wird. Dieses Kapitel dient als Nachschlagewerk und hat bezüglich der Traumsymbolik den Anspruch, die in diesem Buch wesentlichen Eigenschaften von Personen und Symbolen zu deuten. Allgemeinere Verzeichnisse finden Sie im Literaturverzeichnis oder im Internet.

Im Folgenden finden Sie die Personen mit ihren wesentlichen Charaktereigenschaften, die für die oben genannten Träume relevant sind.

- Ina = Erzieherin, sehr kindlich, verspielt, naiv
- Heinrich = häuslich, sexuell sehr aktiv
- Michel Huhn = rational, allwissend, emotional nicht gefestigt und unsicher
- Arianes Mutter = herzlich, nährend
- Arianes Vater = Der Vater im Traum steht oft für das eigene Verhältnis zum Vater. Themen wie Autorität, Kontrolle, Führung, Anerkennung werden im Traum

angesprochen. Fragestellung: Worum kümmere ich mich?

- Kati = weiß, was sie will, sehr kreativ und schauspielerisch begabt
- Frauke = kleine Schwester von Kati, Zweitgeborene. Ebenfalls sehr kreativ und musisch begabt
- Frau Meier = sehr kreativ, näht und kocht gerne, sehr feinfühlig, ist Wissenschaftlerin, sehr genau und penibel
- Horst Wampe = Arianes Schwarm aus der Schulzeit, mit dem sie ausschließlich ein freundschaftliches Verhältnis hatte. Ariane hat ihn immer bewundert
- Karoline Scher = sehr sportlich, schnelle Läuferin, attraktiv, geht ihren Weg; auffallend sind ihre blonden Haare und ihre eher maskuline Art
- Caro = Liebenswerte Kollegin. Sprachlich sehr begabt, kumpelhaft
- Marina Linde = eine ehemalige Vorgesetzte
- Frau Schönfeld = Therapeutin von Ariane
- Schwester = kleine Schwester von Ariane, Beschützerfunktion. Ariane hat ein sehr enges Verhältnis zur Schwester gehabt
- Brigitte, Freundin von Arianes Lebensgefährten = Single, sportlich, hoher maskuliner Anteil, feinfühlig und kinderlieb
- Laurenz = bester Freund von Ariane, strebt nach Reichtum und Macht, sehr feinfühlig und einfühlsam

- Oliver = Exmann von Ariane, Motorradexperte, war für sie immer der Baum in der Brandung und hat ihr Sicherheit gegeben
- Beatrice = Schwester von Oliver
- Herr Wagner = Masseur, der kontinuierlich nach der Liebe zu einer Frau suchte, gut aussehend, ist sich dessen auch bewusst. Früher sicherlich mal ein Frauenschwarm gewesen
- Herr Wegener = Wissenschaftler und Chef eines großen Forschungsunternehmens
- Sybille Reiners = tolle Freundin; ist Arianes Mutter sehr ähnlich, aber nicht wertend oder verletzend. Ist authentisch, sehr kopflastig und feinfühlig
- Mark Eckhardt und seine Exfreundin Sabine = befreundetes Paar. Sabine war auffallend wegen ihrer zauseligen Haare. Sie ist sehr liebenswert und witzig
- Stefan, Arianes Arbeitskollege = ein Mann, den Ariane sehr attraktiv fand, der aber viel jünger war als sie; er ist ruhig, emotional stark, einfühlsam
- Bettina und Jost = ein Paar, das sich gesucht und gefunden hat; sehr eng miteinander verbunden. Zwischen ihnen herrscht wahre Liebe. Ihr Weg ist es, gemeinsam eine Zukunft aufzubauen
- Anett = lebensbejahende, humorvolle Frau. Sie ist sehr kreativ, tierlieb und chaotisch in dem, wie sie ihren Tag organisiert.

Lichtgespenster

- Ellen = eine von Erfolg getriebene Frau; macht ihr Ding und kritisiert das an anderen, wo sie selbst ihre Schwächen hat. Hat immer Angst, sie würde mit ihrem Geld nicht auskommen
- Susanne = liebste Freundin – schon ein Leben lang. Ist in jeder Situation für Ariane da, die unterstützende Hand und liebevolle Lebensbegleiterin; starke Ratio, manchmal auch naiv
- Herr Maler = CIO, Führungspersönlichkeit und lebt seine Macht im Unternehmen bewusst in vollen Zügen
- Katja Kopf = sprachenbegabt; arbeitet in einem völlig falschen Beruf. Sie ist kontinuierlich gelangweilt. Ihre wahre Natur ist es, sich um das häusliche und ihre Familie zu kümmern. Verfängt sich in Kleinigkeiten
- Pia Reinike = Lebefrau, Pflanzenliebhaberin. Liebt Kinder, will aber selbst nicht die Verantwortung dafür übernehmen, weil sie sonst ihr eigenes Leben nach anderen ausrichten müsste, sehr einfühlsam
- Alina Unrecht = eine sehr schöne Frau, attraktiv mit einer tollen Ausstrahlung; Ariane bewundert ihre aufrechte Haltung, ihren stolzen Gang und ihre Gelassenheit. Sie hat Anmut und kleidet sich schlicht und schön. Ariane mag sie und findet sie sehr sympathisch. Sie ist eine sehr sportliche Frau
- Uta und Heinz = ein befreundetes Ehepaar; Uta ist so mit sich selbst beschäftigt, dass sie für andere Sorgen und Probleme überhaupt kein Interesse zeigt. Offene,

freundschaftliche oder tiefe persönliche Gespräche sind mit ihr nicht möglich. Sie braucht Heinz, um leben zu können.

Alle hier herausgestellten Eigenschaften trägt Ariane in sich selbst. Sie liebt sie, lehnt sie ab oder sie sind ihr noch nicht bewusst. Schon das Lesen dieser Eigenschaften gibt uns einen Eindruck davon, wer Ariane ist, wer sie sein will und wo sie sich vielleicht hin entwickeln könnte. Wie bereits weiter oben beschrieben nehmen wir selbst die Umwelt selektiv wahr. Uns berührt nur das, was wir selbst in uns tragen. Haben wir das erst einmal verstanden, können wir diese Wahrnehmung dazu nutzen, uns weiterzuentwickeln.

7.2 Traumsymbole

Einige archaische Traumsymbole, die in den Träumen jedes Menschen vorkommen:

- Animus = die männliche Seite im Traum einer Frau
- Anima = die weibliche Seite im Traum eines Mannes
- Bruder = Kann im Traum das tatsächliche Verhältnis zum Bruder zum Ausdruck bringen. Der Bruder zeigt die männlichen Aspekte des Selbst, die einem vielleicht bekannt sind, die man aber nicht unbedingt akzeptieren möchte. Hierbei ist die Frage zu beantworten, was man an sich selbst fürchtet oder bewundert

Lichtgespenster

- Schwester = Ist der weibliche Aspekt des Selbst, siehe auch Bruder
- Schatten der Frau: fremde Frau in einem Traum einer Frau
- Schatten des Mannes: fremder Mann in einem Traum eines Mannes

7.3 Ein Traum zum Schluss

Meine größte Sehnsucht war es schon immer, magische Momente zu erleben. Ereignisse, die unerwartet auftreten und mein Herz schneller schlagen lassen. Wünsche, die sich anders erfüllten, als ich es mir vorstellte, aber zum angestrebten Ergebnis kamen. Die Natur mit dem Mond und dem Meer, das in mir schon von jeher ein Gefühl von zauberhafter Unendlichkeit auslöste. Träume voller Symbolik, ein unerwartetes Lachen, eine freudvolle Geschichte, all das und noch viel, viel mehr ist die Magie in meinem, in unserem Leben.

Ich danke Ihnen, dass Sie dieses Buch gelesen haben. Ich wünsche mir von Herzen, dass „Lichtgespenster" zu mehr Träumen führt, dass es Ihr Herz öffnet und Sie dadurch Ihrem Lebensweg wieder stärker vertrauen oder diesen gar finden können. Nehmen Sie die vielen Träume als Anreiz dazu, wieder selbst mehr zu träumen und sich mehr zu vertrauen.

Lichtgespenster

Ich möchte mit dieser Geschichte Mut machen. Es geht immer weiter, das Leben lässt uns nicht im Stich. Alles hat zwei Seiten: Da, wo gut ist, ist auch böse; da, wo hoch ist, ist auch tief; wo leise ist, ist auch laut, wo es dir gut geht, kann es dir auch wieder schlechter gehen, nach jedem Abend kommt der Morgen, ... und so geht es immer weiter.

Wenn wir lernen auf uns selbst zu vertrauen, werden wir immer Mut bekommen, *unser* Leben zu leben.

8 Biografie

Dr. Claudia Täubner ist Wirtschaftsinformatikerin, promovierte Informatikerin und ganzheitlicher Coach. Sie greift in ihren Beratungsgesprächen auf ein intrinsisches Wissen über psychologische, spirituelle und philosophische Themen zurück. Sie nutzt diverse Werkzeuge des ganzheitlichen Coachings. Seit vielen Jahren begleitet sie Menschen aus scheinbar ausweglosen Lebenssituationen hinaus, erarbeitet mit ihnen Lebenskonzepte und gibt ihnen Mut und Zuversicht für die Zukunft. Empathie, Freude und soziale Kompetenz sind ihre Wegbegleiter.

Web: http://www.claudiataeubner.com

9 Literaturverzeichnis

Hier finden Sie die Literatur, die in den einzelnen Abschnitten verwendet wurde.

Zu 4.1 Was Träume bedeuten

Ernst, Heiko: Innenwelten. Warum Tagträume uns kreativer, mutiger und gelassener machen. Klett-Cotta, Stuttgart 2011.

Schredl, Michael Prof. Dr.: Träume: Unser nächtliches Kopfkino. Springer Spektrum, Heidelberg 2013 (2. Überarbeitete Auflage).

Zu 4.2 Die Traumanalyse nach C. G. Jung

Beerlandt, Christiane: Der Schlüssel zur Selbstbefreiung – Lebensphilosophie für ein glückliches und gesundes Dasein. Verlag Beerlandt Publications BVBA; 6. Auflage 2013.

Huber, Andreas: Die Sprache der Träume verstehen. Anaconda Verlag GmbH, Köln 2007.

Jung, C. G.; von Franz, Marie-Louise; Henderson, Joseph L.; Jacobi, Jolande; Jaffé, Aniela: Der Mensch und seine Symbole. Walter Verlag, Düsseldorf und Zürich, Sonderausgabe 1999.

Lichtgespenster

Vollmar, Klausbernd: Das große Praxisbuch der Traumdeutung. Wie man seine Träume verstehen lernt. Knaur Taschenbuch München, 2011.

Zu 4.3 Der seelische Heilungsprozess

Dahlke, Rüdiger: Das Schattenprinzip. Die Aussöhnung mit unserer verborgenen Seite. Arkana, München, 6. Auflage 2010.

Jung, C. G.; von Franz, Marie-Louise; Henderson, Joseph L.; Jacobi, Jolande; Jaffé, Aniela: Der Mensch und seine Symbole. Walter Verlag, Düsseldorf und Zürich, Sonderausgabe 1999.

Zu 4.4 Die Arbeit mit dem inneren Kind

Nuber, Ursula: Lass die Kindheit hinter dir. Das Leben endlich selbst gestalten. DTV Verlag, München 2012.

... und um die Botschaft der Träume in Handlung zu verwandeln ein paar wegweisende Bücher, die ich alle selbst gelesen habe. Ich wünsche Ihnen wirklich, wirklich alles Glück der Welt und den Erfolg, den Sie sich für sich selbst vorstellen können:

Bolen, Jean Shinoda: TAO der Psychologie. Sinnvolle Zufälle. Sphinx Medien Verlag, Basel 1989.

Dyer, Wayne: Ändere deine Gedanken und dein Leben ändert sich. Die lebendige Weisheit des TAO. Goldmann Verlag München, 4. Auflage, 2008.

Dyer, Wayne: Werde der du wirklich bist. Die spirituelle Dimension des Wünschens. Arkana Verlag, 1. Auflage, 2012.

Fromm, Erich: Die Kunst des Liebens. Ullstein Verlag München, 71. Auflage, 2014.

Lindau, Veit: Werde Verrückt - Wie du bekommst was du wirklich-wirklich willst. Kailash Verlag, München, 1. Ausgabe, 2015.

Nuber, Ursula: Lass die Kindheit hinter dir. Das Leben endlich selbst gestalten. DTV Verlag München, 2012.

Prieß, Miriam: Finde zu dir selbst zurück – wirksame Wege aus dem Burnout. Südwest Verlag München, 2014.

Tolle, Eckhart: JETZT! Die Kraft der Gegenwart. J. Kamphausen Verlag & Distribution GmbH, Bielefeld 2000, Sonderausgabe 5. Auflage, 2013.

Tolle, Eckhart: Eine neue Erde. Bewusstseinssprung anstelle von Selbstzerstörung. Arkana Verlag, München, 13. Auflage, 2005.

Lichtgespenster

Lichtgespenster

Lichtgespenster